完全攻略!
英検2級

神部 孝 著

はじめに

　本書は、皆さんが効率的に「英検」2級に合格するための第一歩をお手伝いするテキストです。
　2016年に改訂された「英検」2級は、ライティングが追加されて、「読む（リーディング）」「聞く（リスニング）」「書く（ライティング）」「話す（スピーキング）」の**4技能を測る試験**に変貌しました。本書では、ライティングを先に解答することを提言します。
　それでは本書の特徴を紹介しましょう。

■ **問題形式** がわかる
　Chapter 2で4つの技能、「読む」「聞く」「書く」「話す」の問題形式と学習アドバイスを丁寧に解説しています。

■ **攻略法** を学び効率的に力を伸ばす
　Chapter 3で4技能の攻略法をステップごとに学んでください。じっくり取り組むことにより、着実に実力を伸ばせます。

■ **模擬試験** で自分の実力を知る
　Chapter 1のミニ模試とChapter 4の1回分の模擬試験に取り組めます。解き終わったら、解説をよく読んで、自分の弱点を確認しましょう。

■ **重要語句** をCD音声とともにマスター
　本書に登場した重要語句の音声がCDに収録されています。問題を解いた後は、語彙力アップでさらに実力を伸ばしましょう。

　本書で2級に合格し、さらにその上の準1級やTOEFLテスト、TOEICテストなどにぜひチャレンジしてください。
　本書を通じて皆さんの受験のお手伝いができることを幸いに思います。また、本書の制作に当たりご尽力をいただいた、アルクの新井倫子さん、岡本茂紀さんほか、多くの方々に感謝いたします。
　I keep my fingers crossed!

かんべ英語塾　神部　孝
米国イェール大学MBA

目次

はじめに ………… 3
本書の学習の進め方 ………… 6
2級完全ガイド ………… 8
付属CDの内容と使い方 ………… 12
ダウンロードコンテンツについて ………… 12

Chapter 1 ミニ模試 ……………………………………… 13
　リーディング ………………………………………… 14
　リスニング …………………………………………… 22
　自己評価分析シート ………………………………… 24

Chapter 2 「英検」2級について ……………………… 27
　「英検」2級とは ……………………………………… 28
　大問1：語彙・文法問題 ……………………………… 30
　大問2：長文空所補充 ………………………………… 31
　大問3：長文読解 ……………………………………… 32
　大問4：ライティング ………………………………… 34
　リスニング 第1部：会話文 ………………………… 35
　リスニング 第2部：説明文 ………………………… 36
　面接 ……………………………………………………… 37
　Voice of Kambe ……………………………………… 42

Chapter 3 実践力を高めよう！ ……………………… 45
　Step Up 大問1 ……………………………………… 46
　Step Up 大問2＆3 ………………………………… 78
　Step Up ライティング ……………………………… 98
　Step Up リスニング ………………………………… 124
　Step Up 面接 ………………………………………… 150

4

CONTENTS

Chapter 4 模擬試験 ·· 163
　　一次試験　筆記 ·· 164
　　一次試験　リスニング ·· 177

Chapter 5 必須語彙・熟語リスト 150 ······················· 183

Chapter 6 試験結果が到着したら ···························· 199

受験を終えた皆さんへ ………… 204
ミニ模試　解答用紙 ………… 205
模擬試験　解答用紙 ………… 206

📝 本書の学習の進め方

　本書は、2級合格を目指すための1冊です。一次試験の筆記・リスニング問題はもちろん、二次試験の面接まで、この1冊ですべての対策ができます。最初に「ミニ模試」で現在の実力を確認してから学習や「模擬試験」に取り組むので、自分の弱点を意識しながら学習することができます。

❶ 2級攻略に効く英語力を高めよう　「2級完全ガイド」→ p. 8

問題内容や試験時間など、テストの概要を把握します。

❷ 現在の英語力を確認しよう　Chapter 1 → p. 13

ミニ模試に挑戦し、「自己評価分析シート」で弱点を把握します。

❸ 問題内容を把握しよう　Chapter 2 → p. 27

一次試験の各大問について、サンプル問題を解いて実際の試験問題をイメージしたうえで「問題の概要・学習法」を押さえます。また二次試験についても内容と攻略法を確認します。

❹ 2級攻略に効く英語力を高めよう　Chapter 3 → p. 45

2級合格に必須の語彙・表現、文法事項、読む・書く・聞くためのストラテジーを学習します。「Step Up 大問1」「Step Up 大問2 & 3」「Step Up ライティング」「Step Up リスニング」「Step Up 面接」という、一次試験の大問・形式および二次試験の形式に基づいた5つのレッスンに取り組みます。各レッスンは、学習内容ごとにさらに Step に分かれて解説されており、適宜、練習問題に挑戦しながら学習内容の定着度をチェックすることができます。

本書の学習の進め方

❺ 模擬試験に挑戦　Chapter 4 → p. 163

実際の2級と同じ問題数・問題形式の模試を解きます。本番と同じ条件で受験するために、制限時間は厳守してください。

❻ 解答と解説でしっかり復習　別冊

模擬試験受験後には答え合わせをし、別冊の解説を読んでしっかり復習してください。

> **語彙の確認　Chapter 5 → p. 183**
>
> ①〜⑥と並行して、「必須語彙・熟語リスト150」で2級レベルの語彙を確認しましょう。付属のCDには、見出し語の音声が収録されているので、耳からの学習も可能です。

↓
実際の試験に挑戦！
↓

❼ 受験結果を確認　Chapter 6 → p. 199

実際の試験を受験し、結果が送られてきたら、「個人成績表」で結果を確認しましょう。「個人成績表」に含まれている内容や読み込むポイントなどをChapter 6で説明しています。

> まずは
> テストについて
> 知ろう！

2級完全ガイド

テストを突破するために、まずは「相手」を知ることが大切です。
ここでは、「英検」2級とはどのようなテストなのか、そして「英検」2級に合格するためにはどんな力が求められるのかを見ていきます。

📄 テストの概要

1　2級の出題レベルは、「高校卒業程度」です。
「社会生活に必要な英語を理解し、また使用することができる」レベルの力が求められます。

2　2級が求める力は以下となります。
読む：社会性のある内容の文章を理解することができる。
聞く：社会性のある内容を理解することができる。
話す：社会性のある話題についてやり取りすることができる。
書く：社会性のある話題について書くことができる。

3　一次試験（筆記・リスニング）と二次試験（面接）があります。二次試験は一次試験合格者のみが受験できます。一次試験はライティングを除きマークシート方式です。

4　一次試験に合格し二次試験が不合格、または棄権した人に対して、一次試験が免除される制度があります。免除可能な期間は1年間です。

5　年に3回実施されます。一次試験は6月（第1回）、10月（第2回）、1月（第3回）に行われます。二次試験は、7月（第1回）、11月（第2回）、2月（第3回）に行われます。

6　申込方法は団体申し込み（学校や塾などを通じて）と個人申し込み（インターネット・書店・コンビニ申し込み）の2とおりがあります。団体受験の場合は先生に詳細を問い合わせてください。

7　2級合格者のCan-doリスト（できることリスト）は右記のとおりです。これは、英検合格者の実際の英語使用に対する自信の度合いを示すものです。

● 2級の Can-do リスト

読む	まとまりのある説明文を理解したり、実用的な文章から必要な情報を得ることができる。
	一般向けに書かれた説明的な文章を理解することができる。(旅行者向けのガイドブックなど)
	実用的な文章 (How to もの) を理解することができる。(料理のレシピ、ガーデニングなど)
	日本語の注や説明がついた英字新聞で、興味・関心のある話題に関する記事を理解することができる。(週刊 ST / Asahi WEEKLY など)
	簡単な内容であれば、まとまった量の英文の要点を理解することができる。(講義や研修での課題図書や資料など)
	簡単なチラシやパンフレットを理解することができる。(商品の値段、セールの情報など)
	1つのパラグラフ(段落)において、主題文(段落の主題を伝える文)と支持文(主題文を支える例など)の区別をすることができる。
聞く	日常生活での情報・説明を聞き取ったり、まとまりのある内容を理解することができる。
	日常生活の身近な話を理解することができる。(セールの情報、地域のイベントなど)
	簡単な内容であれば、英語で行われる授業や研修を理解することができる。(外国の文化や生活の紹介など)
	公共の場でのアナウンスを聞いて、重要なポイントを理解することができる。(人の呼び出しなどの館内放送、イベントでの注意事項など)
	買い物で店員からの簡単な説明を聞いて、理解することができる。(サイズ、割引、品切れなど)
	相手の学校(会社)について、簡単な紹介や説明を聞いて、理解することができる。(場所、人数、特徴など)
	天気予報を聞いて、その内容を理解することができる。(晴れのち曇り、気温の高低など)
話す	日常生活での出来事について説明したり、用件を伝えたりすることができる。
	日常生活の身近な状況を説明することができる。(遅刻や欠席の理由など)
	印象に残った出来事について、話すことができる。(旅行、イベントなど)
	自分の学校(会社)について、簡単な紹介をすることができる。(場所、人数、特徴など)
	簡単な道案内をすることができる。(例: Go straight and turn left at the next corner.)
	買い物で店員に欲しいものや好みを伝えたり、簡単な質問をすることができる。(色、サイズ、値段など)
	簡単な伝言をすることができる。(例: Tell Jane to call me back. / Tell John I can't go to the meeting today.)
書く	日常生活での話題についてある程度まとまりのある文章を書くことができる。
	印象に残った出来事について、その内容を伝える文章を書くことができる。(学校行事、旅行など)
	自分の学校(会社)を紹介する簡単な文章を書くことができる。
	住んでいる地域を紹介する簡単な文章を書くことができる。
	自分が読んだ本や見た映画について、自分の感想を書くことができる。
	ある程度の長さの手紙(Eメール)を書くことができる。(ホームステイ先や友達への近況報告など)

Copyright © 2006 The Society for Testing English Proficiency (STEP), Inc. All rights reserved.

テストの構成

2級の構成は次のとおりです。

●一次試験

形式	大問／部	問題数	解答時間
筆記	大問1～4	39問	85分
リスニング	第1部、第2部	30問	約25分

●二次試験

形式	構成	所要時間
面接	音読＋4つの質問	約6分

テストの内容

テストの詳細

●筆記

大問	内容
大問1	短文の空所に入る適切な語句を選ぶ問題 20問。短い文や会話文内の空所に入る適切な語句を選択肢から選ぶ問題です。語彙力、熟語力、文法力が問われます。
大問2	長文の空所に文脈に合う適切な語句を選ぶ問題 6問。長文内の空所に入る適切な語句を選ぶ問題です。読解力、文脈を把握する力が問われます。
大問3	長文を読み、内容についての質問に答える問題 12問。長文を読み、内容についての質問に答える問題です。読解力が問われます。
大問4	英作文 指定されたトピックについて80～100語程度の英作文を書きます。

●リスニング

問題	内容
第1部	会話を聞き、内容についての質問に答える問題 15問。A→B→A→Bの会話を聞き、その会話に関する質問の答えを選択肢から選ぶ問題です。選択肢は印刷されています。
第2部	英文を聞き、内容についての質問に答える問題 15問。人物紹介やアナウンスなどの説明文を聞き、その内容に関する質問の答えを選択肢から選ぶ問題です。選択肢は印刷されています。

●面接

構成	内容
音読	60語程度の英文を音読する
質問 No. 1	音読した英文についての質問に答える
質問 No. 2	3コマのイラストの展開を表現する
質問 No. 3	カードのトピックに関連した事柄について自分の意見を述べる
質問 No. 4	日常生活の一般的な事柄に関する質問について自分の意見を述べる

合格点

試験名	各技能	満点	合格点
一次試験	Reading	650	1520
	Writing	650	
	Listening	650	
二次試験	Speaking	650	460
	計	2600	1980

※合格点については、Chapter 6 で詳しく説明しています。

テスト全体の流れ（個人申し込みの場合）

1. 個人で申し込みを行う
2. 一次試験受験票が到着する
3. 一次試験当日
4. 一次試験の結果を確認
5. 二次試験当日
6. 二次試験の結果を確認
   ※団体申し込みの場合、詳しいことは団体の先生や申込責任者に聞きましょう。

テスト当日の持ち物

1. 一次試験受験票（一次試験時）、二次試験受験票（二次試験時）
2. 本人確認票（「英検」協会が設置する本会場での受験者に必要になります。一次・二次共通の確認票です）
3. 身分証明書
4. 筆記用具（ＨＢの鉛筆またはシャープペンシル、消しゴム）
5. 上ばき（土足厳禁の会場の場合）
6. 時計（携帯電話・スマートウォッチ・タイマー付きの時計は使用できません。一次試験のみ必要です）

英検 S-CBT について

英検 S-CBT は従来の試験と同じ問題形式ですが、スピーキングを吹込み式で行います。1 日で従来の一次試験と二次試験を同時に行います。2023 年 2 月現在、従来型と同様に年間に 3 回（各回では 2 回受験）が出来ます。そのため、S-CBT では年に 6 回の受験が可能です。従来型を加えると年に 9 回の受験ができます。

なお、スピーキングから試験が始まりますので、本書で面接対策をしてから受験しましょう。また、従来型と同様にスピーキングで合格点に達しない場合で、筆記とリスニングが合格した場合には「一次免除」扱いとなります。

詳しくは英検の S-CBT のサイトで確認しましょう。
https://www.eiken.or.jp/s-cbt/ （2023 年 2 月現在）

◎ 付属 CD の内容と使い方

▶ 収録内容について

本書掲載のリスニング問題、「面接」時の面接委員のセリフと受験者の解答例、そして Chapter 5 の「重要語彙・熟語リスト 150」の見出し語の音声が収録されています。

▶ アイコンについて

音声を表すアイコンは以下のように表示しています。

◎ CD 01

< CD 取り扱いのご注意 >
- 弊社制作の音声 CD は、CD プレーヤーでの再生を保証する規格品です。
- パソコンでご使用になる場合、CD-ROM ドライブとの相性により、ディスクを再生できない場合がございます。ご了承ください。
- パソコンでタイトル・トラック情報を表示させたい場合は、iTunes をご利用ください。iTunes では、弊社が CD のタイトル・トラック情報を登録している Gracenote 社の CDDB（データベース）からインターネットを介してトラック情報を取得することができます。
- CD として正常に音声が再生できるディスクからパソコンや mp3 プレーヤー等への取り込み時にトラブルが生じた際は、まず、そのアプリケーション（ソフト）、プレーヤーの製作元へご相談ください。

ダウンロードコンテンツについて

▶ CD 音声の mp3 ファイル

付属 CD の mp3 ファイルをご提供しています。

▶「面接暗記カード」の PDF

面接で想定される質問とその模範解答がセットになったカードです。詳細は p. 41 をご覧ください。

ALC ダウンロードセンター
https://portal-dlc.alc.co.jp/

※ご利用には登録が必要です。また、本サービスの内容は、予告なく変更する場合がございます。あらかじめご了承ください。
※ダウンロードセンターで本書を探す際、商品コード（7016058）を利用すると便利です。
※スマートフォンで特典を利用できるアプリ「英語学習 booco」もご案内しています。

Chapter 1

ミニ模試

まずは現在の実力と弱点をチェックします。2級の一次試験と同形式の模擬問題30問に挑戦しましょう。

- ●リーディング …… p.14
- ●リスニング …… p.22
- ●自己評価分析シート …… p.24

ミニ模試

「英検」2級の学習を始める前に、自分の現在の力や弱点を確認しておきましょう。

- 解答用紙 >> p.205
- 解答・解説 >> 別冊 p.2

得点 / 30点

制限時間 35分

リーディング

1 次の (1) から (20) までの (　　) に入れるのに最も適切なものを 1、2、3、4 の中から 1 つ選び、その番号を解答用紙の所定欄にマークしなさい。

(1) The nearby river was heavily (　　). However, thanks to the neighborhood volunteers, now it is clean enough for fish to live in.
1 accelerated　**2** satisfied　**3** nourished　**4** polluted

(2) Scholars are trying to discover evidence of early (　　) in Central America.
1 civilization　**2** attention　**3** invitation　**4** belief

(3) Ten years after Ken graduated from his university, he decided to (　　) some money to it to show his gratitude.
1 donate　**2** withdraw　**3** encounter　**4** admit

(4) Her parents (　　) Mary to continue studying medicine, but she had lost interest in becoming a doctor and wanted to be a pianist.
1 scolded　**2** quit　**3** praised　**4** urged

(5) Although Sanders was the company president, he (　　) attended the board meeting stating he was busy meeting customers.
1 frequently　**2** properly　**3** rarely　**4** lately

14

(6) A: Someone needs to finish the report by Tuesday.
B: Don't (　　) me! I'm leaving for vacation.
1 count on　　**2** fight against　**3** poke fun at　**4** tell on

(7) The political leaders discussed a new economic strategy that might result (　　) job creation.
1 in　　**2** as　　**3** to　　**4** by

(8) Early settlers in the U.S. took (　　) of Native Americans' knowledge of farming.
1 action　**2** advantage　**3** agreement　**4** company

(9) Kim's parents are thrifty and have saved money for a (　　) day.
1 shiny　**2** rainy　**3** cloudy　**4** beautiful

(10) Sunny (　　) her homework soon after she came back from school, if her grandfather had not asked her to go fishing with him.
1 began　　　　　　　**2** would have begun
3 had begun　　　　　**4** would be beginning

2 次の英文を読み、その文意に沿って(11)から(13)までの（　）に入れるのに最も適切なものを1、2、3、4から1つ選び、その番号を解答用紙の所定欄にマークしなさい。

The Scarab Beetle

The scarab beetle commonly known as the dung beetle, was a symbol of eternal life in ancient Egypt. Scarab ornaments first appeared in ancient Egypt more than 25 centuries before the Common Era. The ornaments ranged from seals to charms, and were believed to (　11　) bad fortune while also bringing development and growth. Later, ornamental scarabs were used in funeral rituals and placed on mummies because they were regarded as the hearts of the dead.

The scarabs known as dung beetles have a fascinating natural history. They carry dung to their nests where female beetles lay eggs in it. Some of their unique behavior can (　12　) human observers. For example, the beetles carry a ball of dung and roll it with their rear legs as if they are hand-standing. One famous observer is the French scientist, Jean-Henri Fabre, the writer of the famous "Fabre's Book of Insects." When a beetle faced a barrier, it had always seemed that other beetles helped it move the dung. However, in reality, Fabre observed that this seemingly unselfish behavior was not helpful at all, rather the act was completely selfish. Other beetles were (　13　), and the beetles often fought violently.

(11)　**1** save holders from
　　　2 put holders
　　　3 let holders observe
　　　4 let holders carry

(12) **1** appear funny to
2 be useful for
3 get rid of
4 be limited to

(13) **1** helping each other
2 trying to steal the dung
3 sleeping peacefully
4 drinking water

3

次の英文 [A]、[B] の内容に関して、(14) から (20) までの質問に対して最も適切なものを 1、2、3、4 から 1 つ選び、その番号を解答用紙の所定欄にマークしなさい。

[A]

From: Jim Peterson <peterson-j@gooday.com>
To: Stephenson Real Estate <info-stephenson@realestate.com>
Date: March 4, 2017

Dear Mr. Stephenson
I'm writing this e-mail to ask about Twin Apartments on the Cherry Road. I'm going to move to our company's Cherry Road factory next month. I'm married and have two sons, aged 2 and 4 years old.
I saw your webpage and I understand your agency manages Twin Apartments and may have occasional vacancies. The location is superb, very close to the factory and a kindergarten. I want to know whether you have any places that would be suitable for us, and also how much the rental fees are. I'm going to visit the factory next week, so I'd be happy to visit you then to discuss the apartment availability. If any apartments can be viewed, I'll ask my wife to come with me. I would appreciate an early reply.

Best Regards,
Jim Peterson
Director, Design Department
Gooday Manufacturing

(14) What is true about Jim Peterson?
   1 He bought an apartment.
   2 He is working at the Cherry Road factory.
   3 He will be transferred to a new factory.
   4 He has three children.

(15) How did Jim Peterson know about Twin Apartments?
   1 He had visited the apartments before.
   2 He received some advice from a kindergarten.
   3 He visited a website.
   4 He lived there once.

(16) What is one thing that Jim Peterson asks the real estate agency to do?
   1 Tell his wife about a suitable kindergarten.
   2 Tell him whether any places are vacant.
   3 Meet at the factory.
   4 Lower the rental fee.

[B]
Cats' Hunting Tools

Cats are nocturnal*, moving and hunting at night. Their eyes are adapted to low light conditions. However, their eyes are not superior to a human's in every way. Cats cannot distinguish fine details as they seem to be slightly shortsighted, though they do possess enough visual ability to identify target animals. Cats are not good at distinguishing between different colors, either. They may recognize some yellows, some blues, and some greens. However, they cannot make out clear color contrasts. This poor color vision is a price cats pay for having good night vision.

Cats have mirror cells on the back of their retina*, a rear part of the eye. Even if a cat's retina fails to detect light once, the mirror cells will reflect the light and give the retina another chance to perceive it. This means cats are exposed to the same light twice. Therefore, their perception of light is far superior to humans'. They can see things in much darker environments than we can.

Cats have sharp hearing ability as well. They have ears that can move freely, so they can easily locate sounds. We cannot hear very high frequencies such as those made by mice, but cats can hear them clearly.

Cats can also detect the movement of prey using the paws* on their front feet. Minute* information is perceived by the sensitive paws and it is relayed to the brain. In addition to its sensitive paws, a cat's whiskers are another important part of its sense of touch. The whiskers are the thick hairs near the cat's mouth. If anything touches the cat's whiskers, it will immediately be aware of it. Thus, whiskers also help the cat when hunting.

*nocturnal: 夜行性の　*retina: 網膜　*paw:（猫や犬の）足　*minute: 微細な

ミニ模試

(17) What is true about cats' eyesight?
    1 Cats have good night vision.
    2 Cats cannot distinguish between different animals.
    3 Cats have clear vision.
    4 Cats prefer to hunt in daylight.

(18) Which of the following statements is true?
    1 Cats can distinguish between colors easily.
    2 Human eyes are better than cats' at night.
    3 Mirror cells in the eyes help cats detect light.
    4 Cats are completely unaware of different colors.

(19) What is one reason cats can hear mice well?
    1 Mice emit low sounds that are easy to hear.
    2 Cats have large ears.
    3 Cats can perceive high frequencies.
    4 Mice do not move in front of cats.

(20) What is the role of a cat's whiskers?
    1 To sense paw movement.
    2 To protect its mouth from the cold.
    3 To check depth.
    4 To feel objects.

21

リスニング

このリスニングテストには第1部と第2部があります。
❗ 英文はすべて一度しか読まれません。
第1部：対話を聞き，その質問に対して最も適切なものを1、2、3、4の中から1つ選び、その番号を解答用紙の所定欄にマークしなさい。
第2部：英文を聞き，その質問に対して最も適切なものを1、2、3、4の中から1つ選び、その番号を解答用紙の所定欄にマークしなさい。

第1部 CD 01～05

No. 1
1 Their mother saw it on a TV shopping channel.
2 Their mother broke her old one.
3 The hardware store has them on sale.
4 Their mother had trouble with a slicer before.

No. 2
1 He does not know where to meet her.
2 He has to go to his grandfather's.
3 He has to attend a meeting.
4 He needs to practice tennis.

No. 3
1 Sit next to the man.
2 Go home and watch the game on TV.
3 Complain to the baseball stadium staff.
4 Go and find another seat.

No. 4
1 To buy men's shoes.
2 To buy women's shoes.
3 To have men's shoes repaired.
4 To have women's shoes repaired.

ミニ模試

No. 5 　1　She enjoys working on weekdays.
　　　　2　She has to work late sometimes.
　　　　3　She cannot find any other work.
　　　　4　Her salary is low.

第2部　CD 06〜10

No. 6 　1　Buy a ticket to Alaska.
　　　　2　Receive a refund.
　　　　3　Change flights at the airport in Alaska.
　　　　4　Wait at the airport.

No. 7 　1　She wants to graduate from high school.
　　　　2　She attends college there.
　　　　3　Her parents live there.
　　　　4　She has to find a job.

No. 8 　1　Buy any five items.
　　　　2　Buy at least five frozen foods.
　　　　3　Ask the store staff.
　　　　4　Register on the website.

No. 9 　1　He joined Peter's group.
　　　　2　Peter taught him English in person.
　　　　3　Peter lived with him.
　　　　4　He attended English school in Japan.

No. 10 　1　They have to protect each other.
　　　　2　There is not enough food at that time of year.
　　　　3　There are a lot of safe places.
　　　　4　There are fewer predators.

自己評価分析シート

ミニ模試の結果から、現在の力を分析しましょう。解答・解説は別冊 2 ページを見てください。

	リーディング			リスニング	
	大問 1	大問 2	大問 3	第 1 部	第 2 部
正答数	／10	／3	／7	／5	／5
合計数	／20			／10	

リーディング正答数別評価

大問 1 から大問 3 の正答数の合計に基づいて判断してください。

18～20　A　Very Good
非常に力があります。今の力を維持して、リスニングやライティングに注力してください。

15～17　B　Good
大問 1 が弱い場合には語彙力を伸ばしましょう。大問 2 と 3 が弱い場合には、長文読解の勉強を中心にしてください。

12～14　C　Average
語彙力の不足が原因で大問 2 と 3 も正答数が少ないでしょう。語彙力を増強しましょう。

0～11　D　Behind
徹底的に語彙力を伸ばしましょう。準 2 級レベルの単語をマスターしているかチェックしてください。

リスニング正答数別評価

第1部と第2部の正答数の合計に基づいて判断してください。

評価	内容
8〜10 **A** Very Good	現状を維持してください。なお、ミスが第2部に集中している場合には、TEDなど生の英語の映像を見て勉強するといいでしょう。
6〜7 **B** Good	第1部が弱い場合には、過去問を勉強しましょう。第2部が弱い場合には、自分の語彙力を確認してください。
4〜5 **C** Average	Chapter 3の「リスニング」にあるディクテーションを練習してください。また、準2級のリスニング問題も解いて演習量を増やしましょう。
0〜3 **D** Behind	毎日、本書に書かれている勉強方法を実践してください。また、3級のリスニング問題も解いて演習量を増やしてください。

Chapter 2

「英検」2級について

2級の問題形式に習熟していきます。解説やサンプル問題を見ながら、「概要・学習法」を押さえましょう。

- ●「英検」2級とは …… p.28
- ●大問1：語彙・文法問題 …… p.30
- ●大問2：長文空所補充 …… p.31
- ●大問3：長文読解 …… p.32
- ●大問4：ライティング …… p.34
- ●リスニング 第1部：会話文 …… p.35
- ●リスニング 第2部：説明文 …… p.36
- ●面接 …… p.37
- ● Voice of Kambe …… p.42

「英検」2級とは

「英検」2級は、リーディング（読む）、ライティング（書く）、リスニング（聞く）、スピーキング（話す）の4つの技能を測る試験です。この4つの技能をバランスよく伸ばすことが合格への道です。2016年から、書く力を測る大問4のライティングが一次試験に導入されました。ほかの2技能と同じ比重で評価されます。

なお、4技能のうち、スピーキングだけは二次試験で測定され、それ以外の3技能が一次試験で測られます。

英検のスコア

「英検」は、国際標準規格CEFRに対応したCSE（Common Scale for English）というスコア尺度に基づいて採点されます。CSEスコアで何点を取るかで合格・不合格が決まるのです。成績表に、英語の4技能（リーディング、ライティング、リスニング、スピーキング）のスコアとトータルスコアが表示され、総合的な英語力と、技能ごとの能力を知ることができます。

試験の合格点

一次試験の最低合格点は1520点です。3技能の配点は以下のようになっており、合計点の1950満点中1520点を挙げることが必要です。

項目	リーディング	ライティング	リスニング	合計
満点	650	650	650	1950

ライティング試験は、苦手な人も多いかと思います。しかし、仮にリーディングとリスニングで満点を取っても、合計は1300点です。これだけでは1520点に届かないために、不合格となります。ライティング対策をしっかり行うことが重要なのです。

一方、二次試験の合格基準はどうなっているでしょうか。二次試験は、一次試験に合格した受験者だけが受けられるスピーキングの試験で、面接形式で実施されます。650点満点で、合格するには460点を挙げることが必要です。

以上のことを、わかりやすいように表に整理してみました。

試験区分	一次試験						二次試験
技能	①リーディング			②ライティング	③リスニング		④スピーキング
問題区分	大問1	大問2	大問3	大問4	第1部	第2部	面接
問題形式	短文空所補充	長文空所補充	長文読解	英作文	会話の内容理解	説明文の内容理解	音読・説明意見表明
問題数	20問	6問	12問	1問	15問	15問	5問
満点	650			650	650		650

最低合格点	
一次試験	1520
二次試験	460

　一次試験・二次試験の個人成績表については、Chapter 6（p. 199）で詳しく説明します。

「英検」2級合格者ができること

　2級で要求されている技能（できること＝ Can-do）の目安を見てみましょう。Can-do の詳細は p. 9 で確認してください。

① **読む力**：『週刊 ST』などが読める。
② **聞く力**：日常会話に問題がなく、英語で行われる授業をある程度理解できる。
③ **話す力**：日常的なことを説明でき、自分の学校や会社の紹介がある程度できる。
④ **書く力**：学校行事や旅行などの出来事や、自分の学校や会社についてある程度書ける。

　全体的に見て、海外旅行や学生間の国際交流ができる程度の能力が求められている、ということになると思います。

大問 1：語彙・文法問題（20 問）

ここからは、各問題の形式・内容と対策を紹介します。

大問 1 は、全部で 20 問です。単語を問う問題が 10 問、熟語を問う問題が 7 問、文法を問う問題が 3 問出題されます。語彙力と文法力が重要です。

サンプルとして、Chapter 1 に掲載した模擬問題の (1) を見てみましょう。

サンプル問題

(1) The nearby river was heavily (　　　). However, thanks to the neighborhood volunteers, now it is clean enough for fish to live in.
    1 accelerated **2** satisfied **3** nourished **4** polluted

正解は 4 です。4 の polluted の意味がわからないと解けません。now it is clean の clean と対比されている単語です。語彙力の重要性を理解してください。でも、なかなか単語を覚えられないのも事実です。

語彙力を増やすには単語集を

適切な単語・熟語集を使って覚えるのが一番早道です。『キクタン英検 2 級』（アルク）、『英検 2 級 でる順パス単』（旺文社）、『TOEFL テスト英熟語 700 4 訂版』（旺文社）などを薦めます（推奨教材は p. 42 以降を参照）。

単語を覚えるときには必ず発音

単語を覚えるに当たっては、必ず発音することが大切です。発音できない単語を覚えるのは、ほぼ無理です。そして、発音できない単語は、聞いても理解できないものです。発音記号を見て音声を聞いてください。

単語は書いて覚える

私はカードに書いて単語を覚えるのが好きです。単熟語集でチェックしてから、覚えにくいものを単語カードに書いて覚えています。また、ノートなどに書いて覚える人もいます。

文法問題の攻略には文法書を

本書でも文法事項や文法問題の解法を説明しています。しかし、特定の文法事項を詳しく調べたいときに文法書は必要です。ライティングで仮定法の使い方を調べたい、などというときのためにも文法書を用意しましょう。文法書は、内容を暗記する必要はありません。わからないことを調べるために使うのです。

大問2：長文空所補充（6問）

長文空所補充問題で、読解力が試されます。A・Bの2つのパッセージに3問ずつ、計6問が出題されます。サンプルとして、Chapter 1に掲載した模擬問題の第1パラグラフを見てみましょう。

サンプル問題

The Scarab Beetle

The scarab beetle commonly known as the dung beetle, was a symbol of eternal life in ancient Egypt. Scarab ornaments first appeared in ancient Egypt more than 25 centuries before the Common Era. The ornaments ranged from seals to charms, and were believed to (　11　) bad fortune while also bringing development and growth. Later, ornamental scarabs were used in funeral rituals and placed on mummies because they were regarded as the hearts of the dead.

(11)　**1**　save holders from　　　　**2**　put holders
　　　3　let holders observe　　　**4**　let holders carry

※これは問題の一部抜粋です。

正解の1を選択するには、空欄の前後の文脈を正確に読み取る力が必要です。大問2では精読が必要です。ふだんから英語の長文を読むことを心がけ、英語の文章を読むことを苦にしないようになっておいてください。

大問3：長文読解（12問）

　大問3は長文読解問題です。A・B・Cの3つのパッセージに、それぞれ設問が3問、4問、5問で、計12問です。

パッセージA：電子メール

　Aのパッセージは電子メールです。電子メールを読んで設問に答えます。3問が出題されます。サンプルとして、Chapter 1に掲載した模擬問題の第1パラグラフを見てみましょう。

サンプル問題

From: Jim Peterson <peterson-j@gooday.com>
To: Stephenson Real Estate <info-stephenson@realestate.com>
Date: March 4, 2017

Dear Mr. Stephenson
I'm writing this e-mail to ask about Twin Apartments on the Cherry Road. I'm going to move to our company's Cherry Road factory next month. I'm married and have two sons, aged 2 and 4 years old.

(14) What is true about Jim Peterson?
　　1 He bought an apartment.
　　2 He is working at the Cherry Road factory.
　　3 He will be transferred to a new factory.
　　4 He has three children.

※これは問題の一部抜粋です。

　正解は3です。Jim Petersonはメールの送り主です。第2文のI'm going to move to our company's Cherry Road factory next month.の意味をとらえられれば解けます。電子メールには比較的易しい問題が多いようです。

32

パッセージB・C：多様なトピックの説明文

B・Cのパッセージは、科学や社会問題など、さまざまなトピックの長文です。難易度の高い問題と言えます。Bのパッセージに4問、Cのパッセージに5問で、計9問が出題されます。サンプルとして、Chapter 1 に掲載した模擬問題の第1パラグラフを見てみましょう。

サンプル問題

Cats' Hunting Tools

Cats are nocturnal, moving and hunting at night. Their eyes are adapted to low light conditions. However, their eyes are not superior to a human's in every way. Cats cannot distinguish fine details as they seem to be slightly shortsighted, though they do possess enough ability to identify target animals. Cats are not good at distinguishing between different colors, either. They may recognize some yellows, some blues, and some greens. However, they cannot make out clear color contrasts. This poor color vision is a price cats pay for having good night vision.

(17) What is true about cats' eyesight?
 1 Cats have good night vision.
 2 Cats cannot distinguish between different animals.
 3 Cats have clear vision.
 4 Cats prefer to hunt in daylight.

※これは問題の一部抜粋です。

正解は1です。最終文の This poor color vision is a price cats pay for having good night vision. がキーとなります。このように、パッセージを読んで重要な情報を取り出す能力、すなわち読解力が重要となります。

読解力向上にはレベル別リーダーや英文雑誌を

読解能力の向上のためには、適切な語彙レベルの文章をたくさん読むことが大切です。p. 42 に挙げたレベル別リーダー（Penguin Readers）などが適した教材と言えるでしょう。

高得点を狙うためには、p. 43 に挙げた、*National Geographic* などの英文雑誌も読めるようになってください。辞書を引きながらでかまいません。「Can-do リスト」(p. 9) には『週刊ST』や *Asahi WEEKLY* も、読めるべき英文レベルの目安として挙がっています。

大問4：ライティング（1問）

ライティング試験の攻略は、合格するうえで非常に重要です。どのような試験か見てみましょう。サンプルとして、Chapter 3 に掲載した例題を示します。

サンプル問題

- 以下の TOPIC について、あなたの意見とその理由を 2 つ書いてください。
- POINTS は理由を書く際の参考となる観点を示したものです。ただし、これら以外の観点から理由を書いてもかまいません。
- 語数の目安は 80 語〜100 語です。

TOPIC
These days, many Japanese people travel overseas for their vacations. Do you think even more Japanese will travel abroad on vacation in the future?

POINTS
● Cost　　● English　　● Asia

TOPIC の意味は「今日、多くの日本人が休暇で海外旅行をします。この先、さらに多くの日本人が休暇で海外旅行をするようになると思いますか」ということです。TOPIC についての解答を、文法的に正しく論理的な言葉で書きます。また、指示文に従って 2 つの理由を挙げ、目安の 80 語から 100 語に収めます。

皆さんは、本書でライティングの攻略法を学んでください。ライティングではロジック（論理性）だけでなく文法的に正しいことも重要です。学生の皆さんは、英語の先生や英語の得意な先輩に読んでもらってください。社会人は英語のできる人を探して読んでもらいましょう。なお、文の先頭が大文字になっていないとか、文末にピリオドがない、といったことも減点の要因になりますから、気をつけましょう。

リスニング 第1部：会話文（15問）

リスニング試験は、第1部の会話と第2部の説明文に分かれています。

第1部では、2人による会話を聞いて、それに関する質問に解答します。1つの会話につき1問、会話15本で15問が出題されます。会話と質問文は音声のみで提供されます。なお、音声にはイギリス英語とアメリカ英語が使われているようです。しかし、それほど大きな発音の違いは感じられませんから、安心してください。

サンプルとして、Chapter 1 に掲載した模擬問題の一つを見てみましょう。

サンプル問題

（会話と質問文は音声のみ）

W : Mom's birthday is coming soon. What should we get her?
M : How about a necklace? She said she wants to buy a necklace she saw on a TV shopping channel.
W : That would be very expensive. We couldn't afford that even we combined our money. Any other ideas?
M : How about an electric slicer? She wants one of those. She cut her finger on the ordinary one she has, but an electric one would be much safer. We could get one from Raphael Hardware tomorrow.
Q : Why will the girl and boy buy an electric slicer?

1 Their mother saw it on a TV shopping channel.
2 Their mother broke her old one.
3 The hardware store has them on sale.
4 Their mother had trouble with a slicer before.

4 が正解です。最後の男性の She cut her finger on the ordinary one she has, but an electric one would be much safer. がキーとなります。一言一言を丁寧に聞く力が重要です。一般的に、十分な語彙力が身につく前は、この第1部の会話問題のほうが第2部よりも高得点を挙げられる傾向があります。

リスニング 第2部：説明文（15問）

話者1名による、人物の生い立ちの紹介、ラジオ番組のトーク、学術的な内容の文章などを聞いて、それに関する質問に解答します。1つの説明文につき1問、説明文15本で15問が出題されます。説明文と質問文は音声のみで提供されます。第1部よりも、要求される語彙レベルは高いと思います。

サンプルとして、Chapter 1に掲載した模擬問題の一つを見てみましょう。

サンプル問題

（会話と質問文は音声のみ）

Attention, please. This is a message for passengers waiting for Atlantic Airs Flight 251 to Alaska. Due to bad weather in Alaska, the flight will be delayed until the snowstorm has ended. According to the forecast, the storm will have passed over the airport in two hours. We apologize for any inconvenience.

Q: What should passengers do now?

1 Buy a ticket to Alaska.
2 Receive a refund.
3 Change flights at the airport in Alaska.
4 Wait at the airport.

4が正解です。アラスカの天気が悪いと述べた Due to bad weather in Alaska, the flight will be delayed until the snowstorm has ended. を聞き取れれば、答えられます。リスニングの力とともに集中力が重要です。

リスニング力の向上のためには

日常的に英語の音を聞いていることが重要です。私は大学生のころ、英会話教室に通い、英語の映画を見たりするほかに、AFN（米軍放送網）のラジオ放送で7時など正時に流れるニュースを聞き取っていました。社会人になってからは、録音したNHKのラジオ放送を聞きながらディクテーションをしていました。

『DVD BOOK 大人の基礎英語』（p.44参照）などのDVD教材を利用したり、インターネットでTED (Technology, Entertainment, Design)が主催するさまざまな英語の講演を視聴したり、といった方法で学習するといいでしょう。

面接（二次試験）

　スピーキング試験、つまり面接は、一次試験に合格すると受験できる二次試験です。また、この二次試験は、もし不合格となっても、一次試験免除制度を利用すれば、一次試験合格後1年間に限り再受験が可能です。詳しくは「英検」のホームページを参照してください。

面接の内容

　試験は面接委員との対面式で行われます。2級では面接委員は日本人の場合が多いようです。面接委員から渡される問題カード上の英文を音読し、さらにその英文などに関する4つの質問に答えます。質問・解答ともに英語で行います。うつむいて小さな声で話すと、面接委員に聞こえない場合があります。普通の大きさの声で、はっきりと話すことが大事です。

　それでは、問題カードのサンプルとして、Chapter 3の例題を見てみましょう。

問題カードのサンプル

Kawaii Fashion

Inspired by animation and cartoon characters, kawaii fashion has spread to clothing markets for young women all over the world. Kawaii means "cute" and "beautiful," and it is a quality that is highly valued in Japanese pop culture, centered in Harajuku. Small shops there have created this kawaii fashion, and it appeals to many young women. Although the fashion mainly targets women, a new trend of kawaii men's fashion has started to appear.

Your story should begin with this sentence: **One day, Kaori and Cathy were talking about the upcoming Halloween.**

(イラスト: We are going to have a Halloween party. Please come. / A week later, at Cathy's. / An hour later, at the party.)

面接の流れ

次に、面接の流れを見ていきましょう。前ページの問題カードに沿った内容になっています。音声は面接委員の言葉のみが収録されています。

Stage 1　入室から着席まで　　CD 11

指示に従って入室し、氏名や受験番号を書いた面接カードを面接委員に手渡して着席します。

受：May I come in?
　　（入ってもよろしいですか）
面：Yes, please come in. Hello. Can I have your card, please?
　　（はい、お入りください。こんにちは。カードをいただけますか）
受：Yes, here you are.（はい、どうぞ）
面：Thank you. Please have a seat.
　　（ありがとうございます。ご着席ください）
受：Thank you.（ありがとうございます）

Stage 2　名前と受験級の確認　　CD 12

受験者の名前と受験級を確認するための質問に答えます。

面：My name is Takashi Kambe. May I have your name, please?
　　（私の名前はカンベ・タカシです。お名前を教えていただけますか）
受：My name is Keiko Yamamoto.
　　（私の名前はヤマモト・ケイコです）
面：Ms. Yamamoto, this is the Grade 2 test. OK?（ヤマモトさん。これは2級の試験です。よろしいですか）
受：OK.（はい）
面：How are you today?（きょうの調子はいかがですか）
受：I'm fine, thank you.（おかげさまで元気です）

Stage 3　問題カードの黙読・音読　　CD 13

　英文パッセージとイラストが示された問題カードを渡され、指示に従って英文を 20 秒間黙読します。その後、指示に従って音読します。

面：OK. Now, let's start the test. Here is your card.（それでは、試験を始めましょう。あなたのカードです）
受：Thank you.（ありがとうございます）
面：Please read the passage silently for 20 seconds.（パッセージを 20 秒間、黙読してください）
受：OK.（はい）※ 20 秒間、黙読します
面：All right, now please read it aloud.（それでは、それを音読してください）
受：OK.（はい）

Stage 4　問題カードの英文・イラストに関する質問に解答　　CD 14

　黙読・音読した英文パッセージと、イラストに関する 2 問に解答します。

面：Now, I will ask you four questions.（では、4 つ質問をします）
受：Yes.（はい）
面：No. 1. What started kawaii fashion, which now appeals to many young women all over the world?
（1番。何がきっかけで、今や世界中の多くの若い女性にアピールするカワイイファッションが始まったのでしょうか）
受：※解答します
面：No. 2. Now, please look at the picture and describe the situation. You have 20 seconds to prepare. Your story should begin with the sentence on the card.
（2番。絵を見て、その状況を説明してください。20 秒間の準備時間があります。カードに書かれたセンテンスで話を始めなくてはいけません）
受：※解答します

Stage 5　受験者の意見を問う質問に解答　　CD 15

　問題カードを裏返す指示があり、今度は受験者の意見を問う2問に解答します。

面：Now, Ms. Yamamoto, please turn over the card, and put it down. No. 3. Some people say that TV commercials do not actually help consumers to decide which products they should buy. What do you think about that?
（それではヤマモトさん、カードを裏返して置いてください。3番。テレビのコマーシャルは、実際には消費者がどの商品を買うかを決めるのに役立っていない、と言う人もいます。それについてどう思いますか）

受：※解答します

面：No. 4. A lot of people listen to music players when they go to school or work. Do you think this is a good idea?
（4番。多くの人が、通学・通勤時に音楽プレーヤーを聞きます。これはよいことだと思いますか）

受：※解答します

Stage 6　試験終了から退室まで　　CD 16

　試験が終わったら、問題カードを面接委員に返却し、退室します。

面：All right, this is the end of the test. Could I have the card back, please?
（それでは、これで試験の終了です。カードを戻していただけますか）

受：Yes, here you are.（はい、どうぞ）

面：Thank you. You may go now.
（ありがとう。では、退室して結構です）

受：Thank you.（ありがとうございました）

面：Have a nice day.（よい一日を）

受：You too.（そちらさまも）

面接のポイント

① 音読
　カードに書かれたパッセージを、意味を取りやすい音節で区切って音読します。適切な場所で区切る練習を積んでおくことが大事です。

② 質問1
　パッセージの内容に関して質問されるので、それに解答します。質問文はカードに書かれていませんから、しっかり聞き取ってください。

③ 質問2
　コマ割りのイラストを見てストーリー展開を考え、それを英語で述べます。カード上に書かれた Your story should begin with this sentence: ... という指示文に続く英文を使って、話を始めなければなりません。

④ 質問3 & 4
　「スマホを学校に持って行ってもいいか」などの質問に対して自分の考えを述べます。質問3は賛成・反対のどちらかの立場で答える問題、質問4は肯定・否定（是非）のどちらかの立場で答える問題です。皆さんの自由な意見が求められるものですが、標準的な解答の仕方がありますので、本書で学んでください。

■「面接暗記カード」を活用しよう
　受験者自身の意見が問われる質問2と質問4に関しては、答え方のパターンに慣れておくことが非常に大切です。本書の付録として、「面接暗記カード」を用意しましたので、ぜひ活用してください。
　「面接暗記カード」は、想定される質問と、その模範解答がセットになったカードです。模範解答を覚えてしまうまで、何度も声に出して練習しましょう。パソコンから以下のウェブサイトにアクセスし、PDFをダウンロードしてください。

ALC ダウンロードセンター
http://www.alc.co.jp/dl/
※本書を探す際は、商品コード（7016058）で検索するか、画面上部にある「英検」ボタンをクリックしてください

Voice of Kambe

" 合格のための推奨教材 "

「英検」2級合格を目指す学習者にお薦めしたい書籍・教材をまとめました。準備学習に役立ててください。

📖 語彙

『**キクタン 英検2級**』(アルク)
『**英検2級 でる順パス単**』(旺文社)
『**TOEFLテスト 英熟語700 4訂版**』(旺文社)
語彙力を増やすには、適切な単語・熟語集を使うのが一番の早道。「キクタン」と「でる順」にはある程度、熟語も収められています。一冊で済ませたい人は、このどちらかでいいでしょう。

📖 文法・ライティング

『**総合英語One**』(アルク)
本書で文法事項と解法を説明しています。文法書を暗記する必要はありませんが、例えば仮定法を使った文章をライティングで作ってみようとするときに参考にするといいでしょう。比較的字が大きくて読みやすく、親切な作りになっていると思います。

📖 リーディング

Penguin Readers（ピアソン）
Penguin Readersは、語彙・文法のレベル別にさまざまなタイトルがそろっている英文リーダーのシリーズです。「英検」2級合格を目指すなら、Level 4の書籍をあまり辞書を引かずに読めるようになりましょう。各巻とも厚くないので、一冊を読み通す満足感が味わえます。

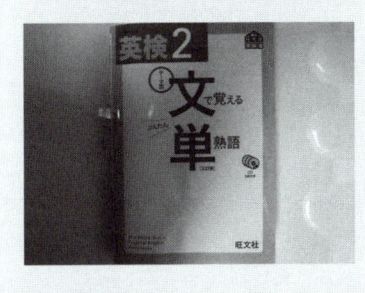

『英検2級 文で覚える単熟語 三訂版』（旺文社）
さまざまなトピックに触れながら、語彙力とともに背景知識を増やすことができます。また、「キクタン」などの、単語がリスト形式になっている単語集で語彙を覚えるのが苦手な人にもいいでしょう。ただし、一般的な単語集と異なり文章の占めるスペースが大きいので、実際の「英検」で出題されそうな単語・熟語のすべてが網羅されているわけではなさそうです。

National Geographic
（ナショナル・ジオグラフィック・パートナーズ）
National Geographic Kids
（ナショナル・ジオグラフィック・パートナーズ）
Scientific American
（シュプリンガー・ネイチャー）
いずれも海外で発行されている英文雑誌です。どれも写真を見ているだけで楽しいものです。一冊すべてを読み切ろうと思わずに、好きな記事だけを読むようにするといいでしょう。

🎧 リスニング

『DVD BOOK 大人の基礎英語』(主婦の友社)
会話表現が多く、また、旅の情緒も味わえるDVDです。ほかにも、非営利団体TED (Technology, Entertainment, Design)が主催するさまざまな英語の講演の映像や、NHKの海外向け英語放送「NHKワールドTV」などをインターネットで無料視聴できますので、リスニング教材として活用するといいでしょう。

『はじめてのTOEFL ITPリスニング』(アルク)
TOEFLテスト向けのリスニング教材ですが、「英検」のリスニング試験、第1部・第2部いずれの対策にも役立ちます。英文が読まれるスピードは「英検」2級の音声よりも少し速く、口語的な表現が多く含まれています。テスト問題を解き終えるごとに、英文スクリプトを見ながら発音する、という方法で学習してください。リスニング力を伸ばすには、発音することが特に重要です。

🧍 スピーキング・面接

『ベスト・オブ対訳サザエさん』(講談社)
漫画「サザエさん」を英語でも楽しめます。「英検」2級の面接対策のためにあるような、4コマ漫画の定番書です。サザエさん一家のユーモラスな行動を英語で適切に言えるようになれば、イラスト問題はバッチリです。

★「英検」のウェブサイトからは、直近の一次試験3回分の試験問題と解答をPDFファイル形式でダウンロードできます。実力チェックにぜひ活用してみてください。

Chapter 3

実践力を高めよう！

2級合格に必要な語彙・表現、文法事項、読む・書く・聞くためのストラテジーを攻略しましょう。練習問題で学習の定着度を確認してください。

- Step Up 大問 1 …… p.46
- Step Up 大問 2 & 3 …… p.78
- Step Up ライティング …… p.98
- Step Up リスニング …… p.124
- Step Up 面接 …… p.150

Step Up 大問1

大問1を制するものは「英検」を制する

　大問1が解けるということは語彙力があるということです。語彙力があれば大問2や3も解けます。リスニングの第2部の説明文も理解できます。まずは大問1を攻略しましょう。

🗝 大問1の攻略

　大問1は単語・熟語の力、そして、文法能力を測るセクションです。それでは最初に出題傾向を見てみましょう。実施回によって多少異なるかもしれませんが、大きく分けて次のようになります。

① 名詞　　4問
② 動詞　　4問
③ 形容詞　1問
④ 副詞　　1問
⑤ 熟語　　7問
⑥ 文法　　3問
合計　　　20問

　最初の10問目までは①〜④がランダムに出題されます。次の11問目〜17問目までは前置詞の使い方を含めた熟語問題です。18問目〜20問目までが皆さんの文法能力を確かめる問題です。

　本書の解説では上記の①〜④を「単語問題」、⑤を「熟語問題」、⑥を「文法問題」と呼んでいます。「Step Up　大問1」では単語問題を品詞ごとに攻略するとともに、熟語問題・文法問題についても順に見ていきます。

[Step 1] 名詞の攻略

このステップでは、単語問題のうち名詞の問題に焦点を当てます。例題を解きながら、名詞が問われる問題のパターンを押さえましょう。

ポイント 基本のパターン

一般的に、名詞の問題は語彙力があれば比較的楽に得点できます。また、正解となる単語を知らなくとも、ほかの選択肢を知っていれば消去できる場合があります。

例題

Tokyo Tower had been the tallest tower and tourist (　　　) in Tokyo until Tokyo Skytree was completed in 2012.
1 communication　**2** structure　**3** attraction　**4** solution

訳　東京タワーは、東京スカイツリーが 2012 年に完成するまで東京で一番高い塔であり、観光名所でした。
選択肢の訳▶ **1** 通信　**2** 構造　**3** 呼び物、名所　**4** 解決（策）
正解　**3**

解説　tourist という言葉がポイントです。**3** の attraction が最適です。テーマパークに行ったことのある方は多いはずです。アトラクションを利用するのに列に並びますよね。「あ〜、そのアトラクション」と思った方は正解です。でも、カタカナが英語になるだけで答えられなくなる場合があります。東京タワーの目的は通信だから communication は駄目かと言えば、駄目です。tourist 〜ですから、「観光客のためのアトラクション」という意味を考えてください。

ポイント そんな意味があるの!? という名詞

単語には多くの意味がある場合があります。これらを多義語と呼びます。その単語は知っているけど、そんな意味で使うの？という単語です。

例題

A: I wanted to go to that Italian restaurant, but I'm broke now. I'll have to wait until next payday.
B: Don't worry, Sam. We can still go. It's my (　　).
1 feat　　**2** apology　　**3** happiness　　**4** treat

訳
A：あのイタリアンレストランに行きたかったんだけど、今お金がないんだ。次の給料日まで待たなければいけないな。
B：大丈夫よ、サム。行けるわ。私のおごりよ。
選択肢の訳▶ 1 偉業　**2** 謝罪　**3** 幸せ　**4** おごり
正解 4
解説 treat は「手術する、扱う」などの意味の動詞として使われるのが一般的ですが、「おごり」という意味の名詞としてもよく使われます。

● 押さえておきたい「意外な意味を持つ名詞」
application 「(大学や職への) 応募」「アプリ」
article 「記事」「物品」「(法律などの) 条項」
diet 「食事」「ダイエット」
official 「職員」「公務員」　＊形容詞として「公式な」
principal 「校長」「(投資などの) 元金」　＊形容詞として「主要な」

ちなみに、industry は「産業」の意味の名詞ですが、その形容詞形の1つ industrious は「勤勉な」という意味を表すので要注意です。また、object は「物体」あるいは「目的」を表しますが、objection だと「反対」の意味です。名詞を軸に、こうした紛らわしい単語も併せて覚えておきましょう。

ポイント 構文力が問われるパターン

構文が使われている問題では、構文を理解して文意をしっかり把握しないと、正解と反対の意味を持つ選択肢を選ぶ可能性があります。

例題

Bill has so many close (　　) at his university that he was chosen president of the student union.
1 acknowledgements　**2** acquaintances　**3** rivals　**4** enemies

訳 ビルには非常に多くの親しい知人がいるので、学生会の会長に選ばれたのです。
選択肢の訳▶ 1 承認　**2** 知人　**3** ライバル　**4** 敵
正解 2
解説 「so ～ that ... 構文」の問題です。この構文は「大変～なので…だ」という程度・原因と結果を表します。ここでは程度が大きいことを表す many に続く名詞を選択しなければなりません。「ビルには非常に多くの～がいるので、学生自治会の会長に選ばれた」という意味ですね。enemies は「敵」、rivals は「ライバル」ですから、ちょうど反対の意味になってしまいます。ライバルや敵が多いという理由で会長に選ばれるわけはありません。

ポイント 因果関係の副詞に続く名詞

構文問題と同様に、文意をしっかり把握することにより、適切な選択肢が選べます。so、so that、therefore、thus などの因果関係を表す副詞を軸に文意をとらえ、適切な名詞を選択する例を見てみましょう。

例題

The topic of the conference was related to the current social situation, so the (　　) was pretty high.
1 ignorance　**2** likelihood　**3** courage　**4** attendance

訳 その会議の議題は現在の社会情勢に関連していたので、出席者数は極めて多かったのです。
選択肢の訳▶ 1 無知　**2** 可能性　**3** 勇気　**4** 出席者数
正解 4
解説 後半部が so the ... was pretty high となっています。so は因果関係を表す副詞で接続詞的に用いられ、so の前が原因、後ろが結果という関係が表されます。「そのため～である」という意味になるわけです。つまり、so をはじめ、so that、therefore、thus では、その前の節の意味が大事なのです。「会議のトピックがタイムリーなものだった」→「だから～である」という文を作らなければなりません。**4** の attendance が一番適しています。

練習問題

●解答・解説 >>> 別冊 p.15

(1) There are a lot of people living in (　　). They often cannot afford to eat.
 1 wealth **2** poverty **3** average **4** disaster

(2) That new restaurant receives favorable (　　) from customers.
 1 desire **2** option **3** feedback **4** authority

(3) Land development in the Amazon rainforest has caused wildlife (　　) to shrink.
 1 habitats **2** gravities **3** edges **4** aspects

(4) The clothing company conducted some market (　　).
 1 result **2** research **3** industry **4** material

(5) Professor Stapleton actively encourages (　　) between students.
 1 misunderstanding **2** philosophy **3** interaction **4** motivation

[Step 2] 動詞の攻略

　このステップでは、単語問題のうち動詞の問題に焦点を当てます。最初に少し文法的な観点から、動詞をおさらいしましょう。

ポイント 動詞を自動詞、他動詞などに分けて整理

　動詞がどのような働きをするかを知ることは大事です。働きを押さえておくことにより、適切な動詞を短時間で選択することができます。また、使役動詞は文法問題で頻出しています。

●自動詞
目的語を伴わないで、主語の自発的な動作・行為を表すときに使います。
(1) I went to the hospital.（病院に行った）
(2) Due to the hot weather, the consumption of ice cream has increased.
　（暑いのでアイスクリームの消費量が増えている）

50

●他動詞

目的語を伴う動詞です。受動態（受け身）にすることができます。

(1) I called Jane last night.（昨晩、ジェーンに電話をかけた）
(2) The city was abandoned after the heavy attack.
（激しい攻撃の後、その都市は敵に明け渡された）

●自動詞としても他動詞としても働く動詞

(1) I stood up.（立ち上がった）── 自動詞
　　I cannot stand this situation.（この状況には耐えられない）── 他動詞
(2) The city has expanded since the last Olympic Games.
　　（先のオリンピック以来、その都市は拡大している）── 自動詞
　　The newly hired president expanded the company business into new lines.（新しく雇われた社長は会社のビジネスを新しい方面へ拡大した）── 他動詞

●使役動詞

目的語と補語（目的格補語）を伴って「～に（を）…させる」という意味を表す動詞を使役動詞と言います。

(1) let
　　let ＋目的語＋補語（原形不定詞）
　　Don't let your children watch TV late at night.
　　（お子さんに夜遅くまでテレビを見させないように）
(2) make
　　make ＋目的語＋補語（原形不定詞）
　　My father made me fix his car.（父は私に彼の自動車を修理させた）
(3) get
　　① get ＋目的語＋補語（to 不定詞）
　　　 Our boss got us to observe our customers.
　　　 （上司は私たちに顧客を観察させた）
　　② get ＋目的語＋補語（過去分詞）
　　　 I hope to get my painting exhibited at the museum.
　　　 （自分の絵を美術館に展示してほしいと思っている）
(4) have
　　① have ＋目的語（人）＋補語（原形不定詞）
　　　 I'll have my wife interpret for our foreign guests.
　　　 （妻に外国からの客の通訳をしてもらおう）
　　② have ＋目的語（物）＋補語（過去分詞）
　　　 I had my hair trimmed.（髪を短くしてもらった）

> 例題

(1) *A:* Mom, I'm going to the gym.
　　B: No, Tommy. Please wait until your injury (　　) completely.
1 increases　**2** decreases　**3** develops　**4** heals

(2) The U.S. government should (　　) the sale of guns to prevent their misuse.
1 restrict　**2** justify　**3** convince　**4** recycle

(3) *A:* What's up Peter? You look pale.
　　B: Hi, Jane. It seems that I had my wallet (　　) in the bus. What shall I do?
1 to steal　**2** stealing　**3** steal　**4** stolen

(1)
訳
A：お母さん、ジムへ行ってくるよ。
B：駄目よ、トミー。けがが完全に治るまで待って。
選択肢の訳▶ 1 増加する　**2** 減少する　**3** 発展する　**4** 治る
正解　**4**
解説　選択肢はすべて自動詞です。その中で、injury（けが）が「治る」という意味で **4** の heals が正解です。

(2)
訳　米国政府は銃の販売を規制して、その乱用を防止するべきだ。
選択肢の訳▶ 1 制限する　**2** 正当化する　**3** 説得する　**4** 再利用する
正解　**1**
解説　空欄には the sales を目的語とする他動詞が入るはずです。to prevent their misuse（それらの乱用を防ぐために）という目的に合っているのは **1** の restrict です。

(3)
訳
A：どうしたの、ピーター？　顔色が悪いわ。
B：やあ、ジェーン。バスの中で財布を盗まれたみたいなんだ。どうしよう？
選択肢の訳▶※省略
正解　**4**

> **解説** 使役動詞 have の使い方の問題です。「財布が盗まれた」という意味のはずですから、過去分詞 stolen を選択してください。my wallet を主語にすれば my wallet was stolen と受動態になるので、steal は過去分詞にすると考えるとわかりやすいでしょう。

ポイント 文型のおさらい

文型を理解すれば、動詞の働きに関する理解が深まり、正答率が上がります。さらに、文型をきちんと押さえることにより、ライティングや二次試験の面接でも、文法的に正しい文章を書いたり話したりする力が向上します。

最初に、文の構成要素を表す記号を復習しておきましょう。
S：主語
V：動詞
O：目的語（目的格）
C：補語

基本の 5 文型は、次のとおりです。

●第 1 文型　S + V
I went to the museum.（博物館に行った）

●第 2 文型　S + V + C
Susan is tall.（スーザンは背が高い）
　＊ Susan（主語：S）＝ tall（補語：C）の関係です。
Tom is a senior student.（トムは上級生だ）
　＊ Tom（主語：S）＝ a senior student（補語：C）の関係です。

●第 3 文型　S + V + O
He broke the window.（彼は窓を壊した）

●第 4 文型　S + V + O1 + O2
He gave me a candy.（彼は私にキャンディーをくれた）
　＊ candy（直接目的語：O2）を間接目的語：O1 に代えて He gave a candy to me. としても同じ意味です。第 4 文型は前置詞（ここでは to）を使って第 3 文型に置き換えることができます。

●第5文型　S + V + O + C

We found the question difficult.（私たちには、その問題は難しい）
　＊ question（目的語：O）＝ difficult（補語：C）の関係です。

それでは例題を見てみましょう。

> **例題**
>
> The U.S. Constitution (　　) its citizens freedom of speech.
> **1** recommends　**2** mentions　**3** guarantees　**4** relieves
>
> ▢訳　米国の憲法は、国民に言論の自由を保障している。
> **選択肢の訳▶ 1** 勧める　**2** 述べる　**3** 保証する　**4** 和らげる
> ▢正解　**3**
> ▢解説　選択肢から、S + V + O1 + O2 の形（第4文型）で使われる動詞を探します。この中では guarantee 以外に第4文型で使われる動詞はありません。第4文型をおさらいしておきます。例えば He gave me a pencil.（彼は私に鉛筆をくれた）では、me が O1（間接目的語）、pencil が O2（直接目的語）です。これは He gave a pencil to me. と第3文型に書き換えられます。例題の問題文の場合は The U.S. Constitution guarantees freedom of speech to its citizens. と書き換えられます。

それでは練習問題を解きましょう。

練習問題

● 解答・解説 >>> 別冊 p.16

(1) Due to a heavy snowstorm, the graduation ceremony has been (　　) until next week.
   1 released **2** postponed **3** reserved **4** converted

(2) The Hubble Space Telescope has (　　) to our understanding of black holes.
   1 directed **2** declined **3** exposed **4** contributed

(3) I (　　) you $500.
   1 borrow **2** owe **3** collect **4** donate

(4) How many of you knew that some tiny hummingbird species can (　　) thousands of miles?
   1 migrate **2** possess **3** exceed **4** follow

(5) *A:* Hi, Linda. I forgot to bring my briefcase. Would you please have it brought to me?
   B: OK. I'll have Laura (　　) by your office.
   1 dropped **2** dropping **3** drop **4** to drop

[Step 3] 形容詞と副詞の攻略

このステップでは、単語問題のうち形容詞と副詞の問題を攻略しましょう。

ポイント 形容詞——基本のパターン

形容詞の問題は文意を取ることが大事です。全体の文意をとらえてから選択肢を選ぶようにしてください。

例題

A: Do you always complain so much? You seem to be very (　　).
B: Oh, don't say that. I'm just upset about the meal here.

1 reasonable　**2** emotional　**3** curious　**4** delicious

訳
A：君はいつもそんなに文句が多いのかい？　とても感情的になっているように見えるよ。
B：え、そんなことを言わないでよ。私はただ、ここの料理に腹を立てているだけだわ。

選択肢の訳▶**1** 理性的な、妥当な　**2** 感情的な　**3** 好奇心の強い　**4** おいしい

正解 **2**

解説　A の complain（文句を言う）から、空欄には否定的な意味の単語が入ると推測してください。また、upset からも、B が立腹していることを理解しましょう。**2** の emotional が正解です。reasonable は complain にはつながりません。curious であることも complain にはつながらないでしょう。delicious を人に使うことは、めったにないでしょう。

ポイント 形容詞——構文力が問われるパターン その①

次に、構文が関係する形容詞の問題を見てみましょう。まずは、Step 1 でも取り上げた「so 〜 that ... 構文」です。「so 〜 that ... 構文」は、形容詞を選ぶ問題で使われることの多い構文の一つです。

それでは例題を見てみましょう。

> **例題**
>
> The video was so (　　) that Kate couldn't stop laughing.
> **1** severe　**2** boring　**3** amusing　**4** elementary
>
> 訳　ビデオがとても面白かったので、ケイトは笑いが止まりませんでした。
> 選択肢の訳 ▶ **1** 厳しい　**2** 退屈な　**3** 楽しい　**4** 初歩的な
> 正解　**3**
> 解説　ビデオがどうであれば、ケイトは笑いが止まらなくなるでしょうか。楽しいから笑いが止まらなくなったのです。**3** の amusing が最適です。なお、**1** の severe は気候などが「厳しい」、病状などが「深刻な」といった意味なので、video を修飾することはできません。

次の覚えやすい文を暗記して、「so ~ that ... 構文」の使い方を覚えましょう。
The Eiken exam is so difficult that I have to study very hard.
(「英検」の試験は非常に難しいので、一生懸命に勉強しなければならない)

ポイント　形容詞──構文力が問われるパターン その②

次は、「too ~ to ... 構文」を取り上げます。これも因果関係を表す構文で、「あまりにも~なので…できない」という意味です。too には原則的に形容詞が続き、その形容詞が問われる問題が多く出題されます。

それでは、例文を見てみましょう。

> **例題**
>
> The math problem was too (　　) to calculate.
> **1** complex　**2** successful　**3** essential　**4** common
>
> 訳　その数学の問題はあまりにも複雑だったので、計算できませんでした。
> 選択肢の訳 ▶ **1** 複雑な　**2** 成功した　**3** 基本的な、重要な　**4** 一般的な
> 正解　**1**
> 解説　「too ~ to ... 構文」を知らなければ、essential を選ぶかもしれません。「so ~ that ... 構文」と混同しやすいので気をつけましょう。calculate (計算する) できない原因は何かを考えると、**1** の complex が最適だとわかります。

次の覚えやすい文を暗記して、「too ~ to …構文」の使い方を覚えましょう。
I was too tired to study English last night.
(昨夜は疲れすぎていて、英語を勉強できませんでした)

ここまで、形容詞が問われる問題の、鍵となる2つの構文の使い方を見てきました。これらは大変重要なので、次のミニ練習問題を解いて、完全に身につけてしまいましょう。

ミニ練習問題

(1) The care home was so (　　) that there were over 30 home helpers.
　　1 tiny　**2** huge
(2) The movie theater was too (　　) to enjoy watching the movie.
　　1 chilly　**2** comfortable
(3) This vase is so (　　) that you must handle it carefully.
　　1 tough　**2** delicate
(4) The potato chips were too (　　) to stop eating.
　　1 delicious　**2** salty

訳と解説

(1) その介護施設はとても大きかったので、30名以上の介護士がいました。
　　1 小さな　**2** 巨大な
　　→施設が大きいから、ヘルパーの数が多いのです。
(2) 映画館はあまりにも寒く、映画を楽しむどころではありませんでした。
　　1 冷え冷えする　**2** 快適な
　　→映画を見ることを楽しめなかったのは、寒かったからです。
(3) この花瓶はとても壊れやすいので、慎重に取り扱わなければなりません。
　　1 頑丈な　**2** きゃしゃな、繊細な
　　→花瓶を丁寧に取り扱ってほしいのは、壊れやすいからです。
(4) そのポテトチップスはあまりにもおいしかったので、食べるのをやめられませんでした。
　　1 おいしい　**2** 塩辛い
　　→ salty（塩辛い）では食べるのをやめてしまいます。

正解 (1) **2**　(2) **1**　(3) **2**　(4) **1**

ポイント 副詞——基本のパターン

　動詞を修飾する副詞を問う問題が、多く出題されます。中には接続副詞を問う問題もありますが、それは、次の文法問題のところで解説します。それでは、例題を見てみましょう。

例題

Twenty years after graduation, Jessica couldn't recognize her classmates, but she (　　) remembered her class teacher.

1 vaguely
2 sadly
3 curiously
4 fluently

訳　卒業して20年がたち、ジェシカはクラスメートたちの顔がわからなくなっていました。しかし、担任の先生のことはぼんやり覚えていました。
選択肢の訳▶ 1 漠然と、かすかに　**2** 悲しそうに　**3** 奇妙に　**4** 流ちょうに
正解　**1**
解説　同窓会の話です。20年もたつと、容姿も変わるものです。でも、辛うじて先生を思い出した。という内容です。文法的には、どの選択肢も当てはまります。しかし、先生を「悲しく」「奇妙に」「流ちょうに」思い出した、というのは変ですね。「辛うじて思い出した」という意味になる、**1** の vaguely が最適です。

それでは形容詞と副詞の練習問題を解きましょう。

練習問題

●解答・解説 >>> 別冊 p.17

A: If I were like Justin Bieber, I could make the audience more (1) (　　).
B: (2) (　　), we have to concentrate on our own music and be (3) (　　) about future.

(1)
1 additional　　**2** stressful　　**3** ordinary　　**4** enthusiastic

(2)
1 Nevertheless　　**2** Incredibly　　**3** Unfortunately　　**4** Accidentally

(3)
1 embarrassed　　**2** reluctant　　**3** positive　　**4** cautious

(4) Steam locomotives contributed (　　) to industrialization in 19th century America.
1 accidentally　　**2** temporarily　　**3** significantly　　**4** urgently

(5) Just before the singing competition on TV, Tracy was so (　　) that she could not look at the audience.
1 nervous　　**2** confident　　**3** mature　　**4** comfortable

[Step 4] 熟語の攻略

このステップでは、熟語の問題に焦点を当てます。

ポイント 「動詞＋前置詞」の形を取るもの

動詞に前置詞が付いて、決まった意味を表す場合があります。語彙を増やすときに、単語単体でなく、どのように活用されているかを覚えてください。設問ではかっこの中に入る動詞、あるいは、前置詞を問います。それでは、過去に出題されているものを見てみましょう。

● 自動詞＋前置詞

succeed in ～　　～に成功する
Tom succeeded in creating a new wind-power generator.
（トムは新しい風力発電機の開発に成功した）
　succeed in doing ～は「～することに成功する」という意味です。succeed to do ～という形が取られることはありません。
　また、succeed to ～だと「～を引き継ぐ」という意味になります。

result from ～　　～に起因する / **result in ～**　　～をもたらす
The victory resulted from their hard practice.
（その勝利は、彼らの懸命な練習の成果だった）
Their hard practice resulted in the victory.
（彼らの懸命な練習が勝利をもたらした）
　from か in のいずれかを選んで空欄を補う問題が出されたら、文意をしっかりとらえて2者を取り違えないようにしましょう。

● 他動詞＋前置詞

deprive A of B　　A から B を奪う
The law deprived people of freedom.（その法は人々から自由を奪った）
If green plants were deprived of light, they would stop growing because they would not be able to conduct photosynthesis.
（もし緑色植物が光を絶たれると、光合成を行えなくなるので成長が止まるだろう）
　deprive は他動詞で「～から奪う」という意味です。これに前置詞 of を付けて deprive A of B の形にすると「A から B を奪う」という意味の熟語になります。
　なお、次の用法は誤りです。
× The law deprived freedom from people.

provide A with B　A に B を与える

The company <u>provided</u> new employees <u>with</u> cellphones.（会社は新入社員に携帯電話<u>を支給した</u>）

　provide は「提供する」という意味の動詞ですが、提供する相手と提供するものに同時に言及するときに、この構文が使われます。過去に出題されたことがあります。また、provide はまれに第 4 文型で使われることもあります。

それでは例題を見てみましょう。

例題

(1) This year, Urban Chemical successfully recruited a number of young engineers. Among the newly hired employees, James is well-acquainted (　　) biotechnology.
1 by　**2** for　**3** in　**4** with

　訳　今年、アーバン・ケミカルは幸運にも多くの若いエンジニアを採用しました。新しく採用された社員のうち、ジェームズはかなり生命工学に通じています。
選択肢の訳▶※省略
正解 4
解説 acquaint with 〜で「〜に通じている」という意味です。ここでは、これを受動態で用いると文意が通ります。

(2) Because Sean had a headache, he could not concentrate (　　) studying.
1 on　**2** in　**3** at　**4** by

　訳　ショーンは頭が痛かったので、勉強に集中できませんでした。
選択肢の訳▶※省略
正解 1
解説 concentrate on 〜で「〜に集中する」という意味です。on を選んでください。

ほかにも数多くの「動詞＋前置詞」の熟語があります。「<u>熟語に出合ったら覚える</u>」ということが重要です。

ポイント いわゆる熟語

　一般的に熟語と言えば、「単語の組み合わせで特別な意味を表す」ものでしょう。最初に、動詞を含む熟語──句動詞を見ましょう。これらは主に、「動詞＋副詞」または「動詞＋（副詞）＋前置詞」の形を取ります。例えば、put on は「着る」ですが、put off は「延期する」です。このように、動詞から意味を推測することが難しい点が特徴です。

　それでは例文を見てみましょう。

call off ～　～を中止する、～をキャンセルする
The concert was called off due to bad weather.
（コンサートは悪天候のせいで中止された）
call off が使われる文では、この例文のように、due to のように理由が示される場合が多いと言えます。

put off ～　～を延期する
The concert was put off due to bad weather.
（コンサートは悪天候のせいで延期された）
call off と異なり「延期する」の意味なので、混同しないようにしましょう。ほかにも、pull off ～（～を成し遂げる）、show off ～（～を見せびらかす）など、off を伴う熟語はたくさんあります。

put up with ～　～を我慢する
I cannot put up with my boyfriend.（ボーイフレンドに我慢できない）
この put を選択する問題には、選択肢に come がありそうです。come up with ～は「～を思いつく、考えつく」の意味です。

go through with ～　～をやり通す、実行する
Japan's softball team went through with a lot of hardship.
（日本のソフトボールチームは数多くの困難を乗り越えた）
go through ～だと「～を体験する」という意味ですが、「～をやり通す」という意味では with が必要となります。

　動詞が含まれない熟語もあります。過去問などを解いたときに、初めて出合った熟語を必ず例文とともに覚えましょう。

behind someone's back　～（人）のいないところで、陰で
You shouldn't complain about our boss behind his back.
（本人のいないところで上司について文句を言うべきではない）

この熟語が過去に出題されたときには、back を選ばせる問題で、ほかの選択肢は face、ear、hand などでした。この熟語を知らないと正解を推測しにくい問題です。

once in a while 時折、たまに
Although I'm on a diet, once in a while I eat junk food.
(ダイエットをしているが、ときどきジャンクフードを食べる)
過去問に出題されたときには、誤りの選択肢として once upon a time(昔々)や in the meantime(その間に)などがありました。

nothing more than ～ ～にすぎない
His success was nothing more than luck.
(彼の成功は運によるものにすぎなかった)
意味の近い熟語に no more than ～(ただの～にすぎない、わずか)があります。ほぼ同義ですので、一緒に覚えてください。

例題

(1) Professor Andrew will (　　　) the new admission policy at our university.
1 reach out for　**2** catch up with　**3** make up with　**4** take charge of

訳 アンドリュー教授が当大学の新しい入学方針の策定を担当するでしょう。
選択肢の訳▶ 1 ～へ手を伸ばす　**2** ～に追いつく　**3** ～と仲直りする　**4** ～を担当する
正解 4
解説「入学方針を作る担当となる」という意味だと考えられます。ですから、**4** が正解です。ほかの選択肢では文意が通りません。

(2) (　　　) the company president, Helen introduced the guest speaker at the conference.
1 In spite of　**2** In place of　**3** In contrast to　**4** In case of

訳 社長に代わって、ヘレンが会議で来賓講演者を紹介しました。
選択肢の訳▶ 1 ～にかかわらず　**2** ～の代わりに　**3** ～と対比して　**4** ～に備えて

正解 2

解説 本来なら社長がゲストスピーカーの紹介をするところで、代わりにヘレンが紹介をした、という文意です。

ほかに、次の2つの熟語は混同しやすいので注意しましょう。
Jane looks after her baby.（ジェーンは赤ん坊の面倒を見る）
Jane takes after her grandfather.（ジェーンは祖父に似ている）

それでは練習問題を解きましょう。

練習問題

● 解答・解説 >>> 別冊 p.18

(1) Frederic majors (　　) macroeconomics.
　　1 on　　**2** in　　**3** by　　**4** with

(2) Susan came (　　) her cousin in the supermarket.
　　1 down　　**2** in　　**3** across　　**4** back

(3) The boss asked me to go (　　) because we had to discuss my promotion.
　　1 in person　　**2** in return　　**3** in short　　**4** in shape

(4) The damage was brought (　　) by Typhoon 22.
　　1 down　　**2** up　　**3** around　　**4** about

(5) John and I were such good friends at college that we have (　　) each other since graduation.
　　1 had a look at　　**2** kept an eye on
　　3 kept in touch with　　**4** made a fool of

[Step 5] 文法の攻略

このステップでは、文法の問題に焦点を当てます。

ポイント 接続詞

ここでは接続詞を勉強しましょう。大問 1 の文法の問題に、接続詞は出題されます。これに加えて、ライティングでも、接続詞を駆使できれば文章がきれいにまとまります。

接続詞には次のようなものがあります。

① 等位接続詞

and、or、but など、「語と語」「句と句」「節と節」といった文法的に対等なもの同士を連結する役割を持った接続詞です。

I studied English and French at college.（私は大学で英語とフランス語を学んだ）
Are you going to school on foot or by train?
（君は学校へ歩いて行くのですか、それとも電車で行くのですか）
I passed the midterm exam, but I failed the final exam.
（中間試験は通ったが、期末試験では落第した）

② 従位接続詞

主節と従属節の関係を示すのが、従位接続詞です。例えば、ある状況が生じた時を示す場合などに従位接続詞が使われます。名詞節を導く従位接続詞と、副詞節を導く従位接続詞を見てみましょう。

●名詞節を導く従位接続詞
I heard that our team won the game.（うちのチームが試合に勝ったと聞いた）
Do you know whether Tom will come to the party?
（トムがパーティーに来るかどうかわかる？）
Please let me know if James is going to be late.
（ジェームズが遅れるのかどうか教えてください）

●副詞節を導く従位接続詞
I haven't seen my classmates since we graduated from university five years ago.（5 年前に大学を卒業して以来、クラスメートたちに会っていない）
I have to have a makeup class because I failed the final exam.
（期末試験で失敗したので補講を受けなければならない）

I came here as soon as my mother called me.
(母が電話をかけてきてすぐに、ここに来た)

③ 接続副詞

　辞書には副詞として載っていますが、節をつなげるなど、接続詞と同様の働きをします。nevertheless（にもかかわらず）、moreover（さらに）、still（まだ）、otherwise（さもないと）、however（しかし）などがあります。

We practiced hard; nevertheless, we could not advance to the finals.
(一生懸命練習したのだが、決勝まで進めなかった)
Tokyo is a nice city; however, I don't like the noise.
(東京はよい町だ。しかし、騒音が嫌いだ)

★ Tip ★

　接続副詞で2つの文をつなげるときには、直前の文の終わりに「;」（セミコロン）を使い、接続副詞の後には「,」（カンマ）を使うのが決まりです。ライティングのエッセーを書くときなどに気をつけましょう。
　ただし、文頭や文中で、セミコロンを用いずに接続副詞を使う場合もあります。

Japan has many historic sites. Moreover, it is full of nature.
(日本には史跡がたくさんある。さらには、自然にあふれている)
He, nevertheless, denied it was his fault.
(にもかかわらず、彼はそれが自分の過ちであることを否定した)

④ 相関接続詞

　一対の語句を関連させることで接続詞の役割を果たすものです。both A and B（AとBの両方とも）、either A or B（AかBのいずれか）、neither A nor B（AもBも～ない）、not only A but also B（AだけでなくBも）などがあります。

Not only you but also Jim is studying biology.
(君だけでなくジムも生物学を勉強している)

　not only A but also B が主語の文では、動詞の形は後者Bの名詞に合わせなければなりません。ですから、ここでは is になります。また、also は省略可能ですが、but は省略できません。

His research is not only practical but easy to understand.
(彼の研究は実用的なだけではなく理解しやすい)
× His research is not only practical also easy to understand.

67

> **例題**
>
> After the senior students graduated, the student union needed new members. However, neither Mary (　　) Tom chose to join the union.
> **1** nor　**2** or　**3** but　**4** and
>
> 訳　上級生が卒業した後、学生自治会は新しいメンバーが必要になりました。しかし、メアリーもトムも自治会に加わろうとはしませんでした。
> 選択肢の訳▶※省略
> 正解　1
> 解説　neither A nor B の形を選択してください。**1** が正解です。

ポイント 文の倒置

　文頭に否定的な語句が来たとき、その文の語順は倒置されます。not (only)、barely、rarely などが否定的な語句です。倒置文は大問 1 だけではなく大問 2 や 3 にも使われます。その構造を知ることにより読解力を上げることができます。

　それでは、まず not only A but also B を使った倒置文で、倒置のルールを見ていきましょう。

★ Tip 1 ★

　現在形のときには現在を表すシルシを否定語の直後に置く。動詞は原形にする。なお、三人称単数のときには does や is がシルシとなる。

Not only does Kent ride a motorcycle, but he also drives a racing car.
（ケントはオートバイに乗るだけでなく、レーシングカーも運転する）
× Not only Kent rides ...
※通常の語順：Kent not only rides a motorcycle, but he also drives a racing car.

★ Tip 2 ★

　過去形のときには過去を表すシルシを否定語の直後に置く。動詞は原形にする。

Not only did Tom admit his guilt, but also he willingly confessed that he stole some money.
（トムは自分の罪を認めただけでなく、金を盗んだことも進んで自白した）
× Not only Tom admitted his guilt ...
※通常の語順：Tom not only admitted his guilt, but also he willingly confessed that he stole some money.

★ Tip 3 ★
完了形のときには完了を表すシルシを前に置く。動詞は過去分詞にする。

Not only has Jim been teaching English at school, but also he has participated in volunteer activities since he came to Japan.（ジムは、日本に来てから学校で英語を教えているだけでなく、ボランティア活動にも参加している）
× Not only Jim has been teaching English at school, ...
※通常の語順：Jim has not only been teaching English at school, but also he has participated in volunteer activities since he came to Japan.

★ Tip 4 ★
助動詞を含まず、be 動詞が使われている文では、be 動詞を否定語の直後に持ってきます。

Not only is Kenichi interested in sports but also in arts.
（ケンイチはスポーツだけでなく、芸術にも興味がある）

★ Tip 5 ★
will、would、can、could などの助動詞を含む文では、助動詞を否定語の直後に持ってきます。

Not only can Ann play piano but also violin.
（アンはピアノだけでなくバイオリンも弾ける）

例題

Not only (　　) of his wallet, but the thief also used his credit card.
1 Kent was robbed　　**2** robbed was Kent　　**3** was Kent robbed
4 would Kent rob

訳　ケントは財布を盗まれただけでなく、その窃盗犯にクレジットカードも使われました。
選択肢の訳 ▶ ※省略
正解　3
解説　be 動詞の was を not only の直後に持ってきてください。

次に、ほかの倒置文を見てみましょう。倒置のルールは、すべて not only A but also B の場合と同じです。

Rarely <u>does</u> Sam <u>attend</u> the meetings.（サムはめったに会議に出ない）
※通常の語順：Sam rarely attends the meetings.

Never <u>have</u> I <u>thought</u> that you were a liar.
（君がうそつきだとは思ってもみなかった）
※通常の語順：I have never thought that you were a liar.

もう1つ例題を解いてみましょう。

例題

Never (　　) able to replace human beings.
1 will be robots　**2** will robots be　**3** robots will be　**4** be robots will

訳 ロボットが人間に取って代わることは決してないでしょう。
選択肢の訳 ▶ ※省略
正解 2
解説 助動詞が含まれる文で倒置が起きるときは、助動詞を否定語の直後に持ってきます。ここでは、will を never の直後に置きます。

ポイント 仮定法

仮定法は、あることを仮定して述べるときに用います。大まかに、①現在の事実と異なる願望（仮定法過去）、②過去の事実と異なる想像（仮定法過去完了）に分けられます。この2つに関わる問題が、大問1で出題されやすいでしょう。

また、ライティングの問題では、これらに加えて③仮定法を使わずに条件を示し、その結果を述べる言い方（直説法）も役に立ちます。

① 仮定法過去＝現在のことを述べている

If I <u>had</u> enough vocabulary, I <u>would</u> not have to worry about the Eiken exam.
（もし十分な語彙力があったなら、「英検」の試験について心配しなくても済むのに）

仮定法過去の文では、現在の事実と異なることが述べられます。ですから、この例文では現在、語彙力がないということですね。「過去」という言葉に惑わされないでください。文の形が過去形なだけです。

助動詞を含まない文で be 動詞が使われる場合、すべて were になります。

If I were you, I wouldn't do that.（僕なら、そんなことはしないだろう）
If he were to come, I would give him a present.
（もし彼が来るならば、贈り物をするのだが）

② **仮定法過去完了＝過去のことを述べている**
If you had come to the party, we would have been able to enjoy it a lot more.
（君がパーティーに来てくれていたら、もっとずっと楽しく過ごせたのに）

　仮定法過去完了の文では、過去の事実と異なることが述べられます。過去完了形の文になります。

③ **直説法**で「もし～ならば…になるだろう」という意味を表す
If it is convenient, please drop by at the post office.
（もし都合がよければ、郵便局に寄ってください）
If you pour water into this liquid, it will explode.
（もし水をこの溶液に注ぐと、爆発するだろう）

　条件の実現性が高いことを表す文は、直説法と呼ばれます。条件節（if 節）では現在形を用います。仮定法ではありませんが、併せて使い方を確認しておきましょう。もし～ならば、という条件の下での結果を示します。
　それでは、例題を解きましょう。

例題

If a robber (　　) break into our house, the alarm would go off.
1 to be　**2** will　**3** were to　**4** can

訳 もし、わが家に泥棒が侵入すれば、警報が鳴るでしょう。
選択肢の訳 ▶ ※省略
正解 3
解説 the alarm would go off の would が決め手になります。仮定法過去です。**3** が正解です。仮定法過去の文では be 動詞が were になることを忘れないようにしてください。

ポイント 仮定法の倒置

　仮定法の文では倒置が起きることがあります。そのときにはifが省略されます。また、仮定法の倒置はリスニングの会話文でも出題される可能性があります。

Had we not won the game, we wouldn't have been able to get to the final.
（あの試合に勝てなかったら、決勝戦へ進めなかったでしょう）
※通常の語順：If we had not won the game, we wouldn't have been able to get to the final.

　このように、ifを省略してhadを文頭に持って行きます。

　それでは、例題を解きましょう。

例題

(　　) your help, we would be in trouble with the project.
1 Were it not for　**2** If it will be　**3** Were not for　**4** Be it not for

訳 君の助けがなければ、プロジェクトがうまくいかなくなるでしょう。
選択肢の訳▶ ※省略
正解 1
解説 仮定法過去の文です。be動詞を文頭に持ってきてください。わかりにくければ、通常の語順に直してみるといいでしょう。
※通常の語順：If it were not for your help, we would be in trouble with the project.

ポイント 不定詞と結びつく動詞、動名詞と結びつく動詞

動詞には目的語に不定詞を取るものや動名詞と結びつくものがあります。その区別ができると、大問1だけではなくライティングの練習にも役立つでしょう。

① to 不定詞だけを目的語に取るもの
He decided to study abroad.（彼は留学することを決意した）

② 動名詞だけを目的語に取るもの
I enjoyed playing cards.（私はトランプをすることを楽しんだ）

③ 両方を目的語に取るもの
I like to go shopping.（買い物に行くことが好きだ）
I like going shopping.（買い物に行くことが好きだ）

動名詞だけを取る動詞は比較的限られていますから、覚えてしまいましょう。

admit（認める）　appreciate（感謝する）　avoid（避ける）　consider（熟考する）
deny（否定する）　enjoy（楽しむ）　finish（終える）　keep（続ける）
mind（気にする）　quit（やめる）　stop（止める）

例えば、次のように用いられます。

I quit smoking in 2015.（2015年に禁煙した）
× I quit to smoke in 2015.

I stopped smoking in 2015.（2015年に禁煙した）
※ I stopped to smoke.（喫煙するために立ち止まった）
　stop to do は「〜をするために立ち止まる」という意味で、stop が to 不定詞を目的語に取っているのではありません。

I finished writing an essay.（エッセーを書き終わった）
× I finished to write an essay.

Would you mind washing the dishes?（皿洗いをしていただけますか）
× Would you mind to wash the dishes?

なお、句動詞の look forward to ～（～を待ち望む）の to は動詞の原形を取るわけではないので、気をつけましょう。
I look forward to hearing from you.（お便りをお待ちしています）
× I look forward to hear from you.

それでは、例題を解きましょう。

例題

A: I can't stand this rain anymore. It's useless trying (1) (　　) on the beach.
B: You should stop (2) (　　) about everything. We can still enjoy (3) (　　) the tropical food.

(1) **1** relaxing　　**2** to relax
(2) **1** complaining　　**2** to complain
(3) **1** eating　　**2** to eat

訳

A：この雨にはもう我慢ができないわ。ビーチでゆっくりしようなんて無駄だわ。
B：すべてに文句を言うのは、やめたほうがいいよ。それでも熱帯地方の食事を楽しむことができるんだから。

正解 (1) **2**　(2) **1**　(3) **1**

解説

(1)「～しようと努める」と言うとき、try には to 不定詞が続きます。
(2)「～することをやめる」と言うときには stop に動名詞が続きます。
(3) enjoy は動名詞を目的語に取ります。

ポイント 気をつける構文など

　注意すべき文法事項は、たくさんあります。ここまで紹介してきたこと以外にも、多くの事項が出題されています。分詞構文、関係代名詞、前置詞に関する文法なども大切です。過去問などを解きながら、一つひとつを丁寧に理解することが重要でしょう。

　最後に、その他重要文法事項をランダムに紹介します。

① had better と would rather

You had better go shopping with your mother.
（お母さんと一緒に買い物に行ったほうがいい）
※否定文は better の後ろに not を
You had better not go shopping alone.（1人で買い物に行かないほうがいい）

I would rather sleep for a while.（むしろしばらく眠りたい）
※否定文は rather の後ろに not を
I would rather not study anymore tonight.（今夜はこれ以上勉強したくない）

② need の助動詞的用法

You need not go to class today. ＝ You don't need to go to class today.（きょうは授業に出なくていい）
You need not have told her our secret.
（彼女に私たちの秘密を話す必要などなかったのに［話してしまった］）

③ used to do（かつて〜した）と be used to doing（〜をするのに慣れている）

I used to go shopping at that department store.
（以前はよくあのデパートへ買い物に行ったものだ）
I'm used to shopping online.（オンラインショッピングに慣れている）

④ suggest などの後には動詞の原形

　suggest、recommend、insist などに名詞節が続く場合には、その中の動詞は原形にしなければなりません。should が省略された形だと覚えると楽でしょう。
I recommend that our team (should) practice three times a week.
（チームが週に3回練習することを勧める）

⑤ 分詞構文

主語の「能動的」な動作・行為か「受動的」な動作・行為かを見極める必要があります。

We are watching the movie, <u>eating</u> popcorn.
(私たちは、ポップコーンを食べながら映画を見ていた)
<u>Raised</u> by human beings, this gorilla is very friendly.
(人間に育てられたので、このゴリラはとても人懐こい)

2つ目の例は、Because this gorilla has been raised by human beings, ... を分詞構文にしたと考えてください。Having been raised by human beings, ... が完全な形の分詞構文ですが、Having been は省略可能なので Raised ... となるのです。

練習問題

●解答・解説 >>> 別冊 p.19

(1) Mark slept only a couple of hours last night. (　　), he managed to pass the physical test for a swim team.
   1 Nevertheless　　**2** Otherwise　　**3** Thus　　**4** Therefore

(2) Anthony always thought his life was miserable. Little (　　) that his invention was about to change things.
   1 he would know　　**2** was he known　　**3** did he know　　**4** he has known

(3) Susan went fishing at the harbor while her car (　　).
   1 would repair　　**2** repaired
   3 was being repaired　　**4** would have been repaired

(4) *A:* Hi Jun, would you mind (　　) this bucket to our car for me? It's so heavy.
   B : No problem at all, Beth.
   1 bring　　**2** bringing　　**3** to bring　　**4** to be brought

(5) *A:* I'm visiting my client this afternoon. (　　) there be any questions, please ask Ronny.
   B: Have fun!
   1 will　　**2** would　　**3** should　　**4** could

Step Up 大問2&3
リーディングの最終目標は長文読解

学生生活や実社会で、英語が短文で終わるということはあまりありません。大学の教科書もビジネス文書も長文です。大問1の対策で語彙力をつけ、文法を学んだら、ここからは長文読解能力をつけましょう。

大問2・3 リーディングの概要

リーディング（長文読解）は、大問2の空所補充問題と大問3の読解問題の2つに分かれます。それぞれを説明していきます。

ポイント 大問2　空所補充問題

かっこの中に適切な語句を入れて文章を完成させる問題です。選択肢は、長めの句や節です。2つのパッセージAとBがあります。文章自体の難易度はAもBもそれほど変わりません。問題数は各パッセージに3問、計6問です。

なお、各パッセージは3パラグラフ構成です。

ポイント 大問3　パッセージの読解問題

大問3は、A、B、C3つのパッセージを対象にした読解問題です。それぞれを見てみましょう。

A：Eメールの問題　3問

ここで扱われるEメールは、主にパソコンでやり取りされる様式のメールです。フォーマルなメールを読解する問題です。旅行会社への問い合わせや、発注と異なる商品が届いた場合の苦情を伝えるものなど、内容は多岐にわたります。また、難易度の高い単語は少ないようなので、Eメールの形式に慣れれば得点源になります。全問正解を狙いましょう。

なお、Eメールは3パラグラフ構成です。3つのパラグラフに対応する形で設問があります。Aの設問は27番から29番までですが、27番は第1パラグラフに、28番は第2パラグラフに、29番は第3パラグラフに対応しています。ですから、最初にパッセージ全体を通して読む必要はありません。パラグラフ単位で読みながら設問に答えられます。

B：パッセージ問題　4問

アカデミックな内容のパッセージを読解する問題です。科学的なもの、社会的なもの、時事的なものが出題されます。次のCと同様に、比較的難易度の高い単語が使われます。語彙力が低いと、意味がわからないまま終わってしまう可能性があります。語彙力を伸ばすことは、重要な知識を身につけるために必要な過程です。初めて出合ったパッセージを見て「ふーん、面白い」と思えたら幸せですね。

なお、パッセージは4パラグラフ構成です。Aと同様に設問は各パラグラフに対応しています。

C：パッセージ問題　5問

使われている単語の難易度はBと変わらないように見えますが、パッセージが若干長く、かつ、時間に追われますから、Cのほうが若干難しく感じられます。

なお、4パラグラフのパッセージに対して5問出題されます。34番から37番までの4問はAやBと同じように各パラグラフに対応していますが、最後の38番の問題はパッセージ全体を理解しないと解けないものです。

Bより難しいとは言いましたが、パッセージ問題の難易度は受験者の知識量にも左右されます。出題文の分野の知識が豊富な人は正解率が高くなります。そのため、Bの問題が全然わからなかった人が、Cを楽に解ける場合もあります。

ポイント 時間配分

大問2・3で時間を使いすぎないよう、あらかじめ時間配分を決めましょう。リスニングを除いた試験全体の解答時間は85分です。

大問1：20分
大問2：15分
大問3：25分
大問4：20分
リスニングの選択肢の先読み：5分

それでは、リーディング問題を攻略するために、ステップごとに学習しましょう。

[Step 1] 説明文・物語文問題の攻略

ポイント 速読練習

　ライティングの大問4を含めて、筆記試験の解答時間は85分。大問2と大問3は長文読解問題です。この長文読解で時間を使いすぎると、リスニングの選択肢を先読みする時間がなくなります。速読をマスターすることによって試験時間を有効に使いましょう。

　それでは、速読練習を始めます。最初に、Chapter 1 で見た次の文章を一語一語読んでみましょう。おおよそ1秒間に1単語ずつ見る要領です。始めてください。

　Cats are nocturnal, moving and hunting at night. Their eyes are adapted to low light conditions. However, their eyes are not superior to a human's in every way. Cats cannot distinguish fine details as they seem to be slightly shortsighted, though they do possess enough visual ability to identify target animals. Cats are not good at distinguishing between different colors, either. They may recognize some yellows, some blues, and some greens. However, they cannot make out clear color contrasts. This poor color vision is a price cats pay for having good night vision. （93語）

　1秒ごとに1語ですから、93秒＝1分33秒かかりましたね。どうでしたか。かなりゆっくりだったと思います。次に、スラッシュ（／）で区切られた範囲ごとに視線を移動させ、その単位で意味をつかみながら読んでください。

　Cats are nocturnal, / moving and hunting / at night. / Their eyes / are adapted / to low light conditions. / However, / their eyes / are not superior / to a human's / in every way. / Cats cannot distinguish / fine details / as they seem to be / slightly shortsighted, / though / they do possess / enough visual ability / to identify / target animals. / Cats are not good / at distinguishing / between different colors, / either. / They may recognize / some yellows, / some blues, / and some greens. / However, / they cannot make out / clear color contrasts. / This poor color vision / is a price / cats pay / for having / good night vision.

　チャンクと呼ばれるフレーズの塊ごとに、文を区切って読む方法です。皆さんが「英検」の面接で最初にパッセージを読みますね。そのパッセージを読む際の区切りの単位を、もう少し短くしたものです。ただし、右端で必ず一回止まりますので、厳格に意味の区切りを考える必要はありません。

　なお、意味が転換する接続詞などは単独で読んだほうがいいでしょう。上記の例

80

では、however、though、either などです。
　おおむね 2 語ずつ読みますから、読む時間は半分の 1 分以下になります。大問 3 の B はおおよそ 350 語ですから、3 分で読めます。大問 3 の C はおおよそ 400 語ですから、3 分半で読めることになります（実際にはパラグラフ単位に読んで設問に答えます）。

ポイント 速読の注意事項
① 語彙力
　語彙力が低いと速読は難しくなります。大問 1 で 7 割程度正解できることを目安に、語彙力を増強しましょう。

② 文法上の問題
　主語がわかりにくい、とか、動詞がどこから始まるのか、といった文法上の問題に突き当たると、速読はうまくいきません。文によっては、無理やり読み進めるよりも時間をかけたほうがいいこともあります。
　たとえば、次の文を読んでください。

The U.S. presidential election system, which started in the mid-19th century, consists of both indirect and direct voting.（米国の大統領選挙制度は、19 世紀半ばに導入されたもので、間接投票と直接投票の両方から成っています）

　簡単に速読ができましたか。関係代名詞の節が邪魔をしています。そのため、主語の The U.S. presidential election system と動詞の consists of が離れています。このような場合は、スピードを落としてください。

ポイント パラグラフ単位で答える
　大問 3 のリーディング問題への解答の仕方には、次の 2 とおりがあります。

① 全部を読んでから答える
　パッセージ全体を読んでから、一問一問答える方法です。出題傾向を考えると、この方法はお勧めしません。

② パラグラフ単位で答える
　大問 3 では各設問が個々のパラグラフに対応しています。近年では C の最終問題を除き、パッセージ全体の大意を問う問題は出題されていません。ですから、パラグラフごとに読み、答えていけばいいのです。そして、最後の問題を解くころには、パッセージ全体の意味をとらえられるのです。

```
┌─第 1 パラグラフ─┐ ➡ 第 1 問に解答
        ↓
┌─第 2 パラグラフ─┐ ➡ 第 2 問に解答
        ↓
┌─第 3 パラグラフ─┐ ➡ 第 3 問に解答
        ↓
┌─第 4 パラグラフ─┐ ➡ 第 4 問に解答
```

　皆さんは、②のパラグラフ単位で答える方法を実践しましょう。それでは、Chapter 1のミニ模試の問題を使って、パラグラフ単位で答える方法を見てみましょう。17番は第1パラグラフに対応します。

Cats' Hunting Tools

　Cats are nocturnal, moving and hunting at night. Their eyes are adapted to low light conditions. However, their eyes are not superior to a human's in every way. Cats cannot distinguish fine details as they seem to be slightly shortsighted, though they do possess enough visual ability to identify target animals. Cats are not good at distinguishing between different colors, either. They may recognize some yellows, some blues, and some greens. However, they cannot make out clear color contrasts. This poor color vision is a price cats pay for having good night vision.

(17) What is true about cats' eyesight?
　1 Cats have good night vision.
　2 Cats cannot distinguish between different animals.
　3 Cats have clear vision.
　4 Cats prefer to hunt in daylight.

　網を掛けた第1、第2、第7センテンスを参照することによって正解を導きます。夜に動き、弱い光に適応する、つまり、夜間に高い視力があるのです。1が正解です。
　次に20番を見てみましょう。20番は最後の第4パラグラフに対応します。

　Cats can also detect the movement of prey using the paws on their front feet. Minute information is perceived by the sensitive paws and it is relayed to the brain. In addition to its sensitive paws, a cat's whiskers are another important part of its sense of touch. The whiskers are the thick hairs near the cat's mouth. If anything touches the cat's whiskers, it will immediately be aware of it. Thus, whiskers also help the cat when hunting.

(20) What is the role of a cat's whiskers?
　　　1 To sense paw movement.
　　　2 To protect its mouth from the cold.
　　　3 To check depth.
　　　4 To feel objects.

20番ではパッセージの another important part of its sense of touch を feel objects という言葉に置き換えています。このように、設問が各パラグラフに対応していますから、そのパラグラフの中でキーフレーズを探してください。

それでは、もう一度確認します。
① 長文問題はパラグラフ単位で答える
② 最終問題だけパラグラフ全体を見て答える

ポイント 大問2と3の問題に慣れる

大問2と大問3は解答に時間がかかります。どのようにすれば効率的に解答できるでしょうか。

(1) 大問2の攻略法
大問2は穴埋め問題です。ポイントを見てみましょう。

① 精読を行う
正解を導くには精読が必要です。完全に文意を理解していないと答えられません。選択肢は、すべて文法的には挿入可能です。そのため、ある選択肢を選ぶ必然性がどこにあるか、を考えなければなりません。何となく答える練習では意味がありません。ふだんから100パーセント理解するつもりで練習問題を解いてください。

② 空欄の前後のセンテンスを確認
挿入する句や節だけを見るのでは駄目です。例えば、パラグラフの最終センテンスに挿入箇所がある場合、次のパラグラフの情報で判断したほうがいいこともあります。空欄の前のセンテンスと次のセンテンスをよく見て、文脈を把握してから答えを選びましょう。

③ 時間を取りすぎない

6問全問正解が理想ですが、全問正解を狙うと時間が足りなくなる可能性があります。1～2問のミスは許容範囲です。そのミスを大問3やライティング、リスニングで取り返すことは可能だからです。完璧を目指して、ほかの問題を解く時間やリスニングの選択肢を先読みする時間をなくしてはもったいないのです。

(2) 大問3の攻略法

大問2よりも間違える割合を小さくしなければなりません。紛らわしい選択肢は多くありません。それでは、攻略法を見てみましょう。

① 設問を読んでからパラグラフを読む

設問をあらかじめ読んでおくと、何に気をつけて読めばいいかがわかります。また、選択肢に含まれている単語に気をつけて読むことができます。

② 消去法を使う

問題用紙にメモ書きを残せるので、これは違うよね、という選択肢には×をつけておけばいいでしょう。選択肢を2つまで絞ったところで迷い、時間がなくなりそうなら、思い切りよくマークしましょう。

③ 38番の最終問題には「スキミング」を使う

なお、大問3のⒸでは、5問目の最終設問が、パッセージ全体の内容から正解を導く問題となっています。選択肢に含まれている単語と似た意味の単語をパッセージ中から探す手法（スキミング [skimming]* と言います）を使って解いてください。あまりにも時間がかかりそうな場合には、消去法で候補の選択肢を2つくらいまで絞ってから解答し、あとはリスニング問題の選択肢の先読みに時間を割いてください。難問なので、「できたらラッキー！」ぐらいに考えて、深追いして時間をロスしないようにしましょう。

それでは、次の2つの例題を解きましょう。（1）は大問2の空所補充の問題、（2）は文脈を問う大問3の問題の形式を使ったものです。

*スキミング：単語や短いフレーズを探す方法です。文意を取る必要はありません。早く目を動かして文章を見るのです（読むのではなく、あくまでも見るだけです）。そして、選択肢にある単語と近い意味を持つ単語を探し、見つかったらそのセンテンスを精読します。

> 例題

Darwin's Finches

Charles Darwin, an English naturalist famous for his theory of evolution, studied the behavior of finches native to the Galapagos Islands. These finches are birds which evolved into several species because of their different habitats and food resources. Their bills, the mouth parts of the birds, vary in shape. Some finches eat insects, while others with strong bills eat hard seeds. They use the sharp needles of the cactus plant* to pluck worms from holes in trees. So, the birds have (　　) and developed into independent species.

*cactus plant: サボテン

(1) (　) に入れるのに最も適切なものを1つ選んでください。
  1 become endangered
  2 changed their food
  3 died out
  4 adapted to the environment

(2) Which of the following is true about Darwin's finches?
  1 All of them eat insects.
  2 They live in different places.
  3 They share the same nest.
  4 They have similar bills.

> 訳

ダーウィンのフィンチ

　チャールズ・ダーウィンはイギリスの自然科学者で、進化論の提唱で知られています。彼は、ガラパゴス諸島に固有のフィンチの行動を研究しました。これらのフィンチは、さまざまな生息域や食料資源に応じて、いくつかの種に進化した鳥です。フィンチのくちばし、つまり鳥の口腔部は、形状が多様です。あるフィンチは昆虫を食べ、一方、強いくちばしを持つ別のフィンチは硬い種を食べます。彼らはサボテンの鋭いとげを使って、樹木の穴から虫をつまみ出します。そうやって、この鳥は環境に適応しながら、固有の種へと進化してきたのです。

85

(1)
選択肢の訳▶
1 絶滅危惧になった
2 食料を変えた
3 死滅した
4 環境に適応した

正解 4

解説 挿入される文の So, the birds have (　　) and developed into independent species. の So が重要です。「そうして」ですから、前の文章の続きになります。前文で絶滅危惧も死滅も述べられていませんから、1 と 3 は間違い。第 4 文では食料の違いによりくちばしの形が異なることが述べられていますから、2 も誤りで、変えたのは食料ではなく体のほうです。残った 4 が正解です。空欄に ... and developed into independent species.（そして、固有の種へと進化してきたのです）が続くことからも、4 の adapted to the environment（環境に適応した）だとわかります。

(2)
設問・選択肢の訳▶次のうち、ダーウィンのフィンチに当てはまるのはどれですか。
1 すべての個体が昆虫を食べる。
2 異なる場所に住む。
3 同じ巣を共有する。
4 同じようなくちばしを持つ。

正解 2

解説 第 2 文 These finches are birds which evolved into several species because of their different habitats and food resources.（これらのフィンチは、さまざまな生息域や食料資源に応じて、いくつかの種に進化した鳥です）から、2 が正解だとわかります。念のために、ほかの選択肢を確認しましょう。第 3 文で、フィンチのくちばしの形が違うことがわかりますから 4 は間違い。第 4 文から、種を食べる者がいることがわかるので 1 も間違い。3 は、巣の話は出てこないので正解になりません。

もう 1 題解きましょう。

例題

Mammoth

The mammoth is the name of an extinct species of the elephant family, which scientists think died out about 11,000 years ago. The largest species of mammoth lived in Eurasia, and was five meters tall and weighed 18 tons. On the other hand, the smallest was just 1.5 meters tall. In 1978, genetic material was taken from a mammoth's remains for the first time. Since then, scientists have been eager to (　　　) and have successfully excavated several complete and undamaged mammoth corpses* which had been frozen perfectly in Siberia.

*corpse(s): 死骸

(1) (　) に入れるのに最も適切なものを1つ選んでください。
　1 find out the cause of the mammoth's disappearance
　2 get rid of mammoth bodies
　3 solve the financial problem
　4 sell mammoth's remains

(2) According to the passage, which of the following is true about mammoths?
　1 Mammoths only lived in Siberia.
　2 Scientists have found out the reason for the mammoth's extinction.
　3 There was only one type of mammoth.
　4 Some mammoth remains are not spoiled.

訳

マンモス

　マンモスは、ゾウ科の絶滅種の呼称で、科学者たちはおよそ1万1,000年前に死滅したと考えています。マンモスの中でも最大の種はユーラシア大陸に生息しており、体高が5メートル、体重は18トンでした。一方、最小の種は体高がほんの1.5メートルでした。1978年に、マンモスの死骸から初めて遺伝物質が採取されました。それ以来、科学者たちはマンモス絶滅の原因を見つけようとやっきになり、シベリアで完璧に凍結保存されていた何体かの無傷のマンモスの死骸を成功裏に掘り出すことができたのです。

(1)
選択肢の訳▶
1 マンモスの絶滅の原因を見つけ出す
2 マンモスの死骸を取り除く
3 金銭的な問題を解決する
4 マンモスの死骸を売る

正解 1

解説 直前の文に、マンモスの遺伝物質が採取されたことが書かれています。挿入される文の後半には、シベリアで冷凍保存されていた死骸について書かれています。発掘に成功したと書かれているのですから、2の「死骸を排除する」も間違い。3の「金銭的な問題」に関しては唐突すぎます。同様に、4の「マンモスの死骸を売る」も科学者であることを考えると唐突です。それに引き換え、1の「マンモスの絶滅の原因を見つけ出す」は、... scientists have been eager to ... や、空欄の後の successfully にも違和感なく結びつけられます。難易度が高い挿入ですが、間違いの選択肢がはっきりしているため、設問のレベルは低いものです。1が正解です。

(2)
設問・選択肢の訳▶ この文章によると、次のどれがマンモスに当てはまりますか。
1 マンモスはシベリアだけに生息していた。
2 科学者らはマンモスの絶滅の理由を探り当てた。
3 マンモスの種は1つだけだった。
4 何体かのマンモスの死骸は無傷だった。

正解 4

解説 最終文の ... and have successfully excavated several complete and undamaged mammoth corpses（何体かの無傷のマンモスの死骸を成功裏に掘り出すことができたのです）から、4が正解となります。選択肢の not spoiled（傷んでいない）の意味がわかれば楽な問題です。spoil の意味として「甘やかす」しか覚えていない場合には、消去法が有効です。選択肢1については、第2文に「マンモスがユーラシア大陸に生息していた」と書かれていますから、その生息域はシベリアよりも広範囲に及んでいたことが推測できます。選択肢2の「死滅の理由を見つけ出した」に関しては、本文中に記述がありません。選択肢3の「マンモスの種は1つだけだった」に関しては、第2文と第3文で異なる種がいたことがわかりますので、間違いです。残りは4で、これが正解です。

大問 2 と大問 3 に打ち勝つには読解力を伸ばすことです。ふだんから次のことに心がけましょう。
① 文意を 100 パーセント理解する努力をする。精読の力を上げましょう。
② 語彙力を発揮できるように、試験に出そうなトピックを読みましょう。

[Step 2] E メール問題の攻略

ここでは、E メールが出題される大問 3 の A を攻略しましょう。ほかの問題と比べると、使われる単語の多くが口語的なもので、難易度は低いと言えます。また、語数も少なめです。問題形式に慣れて、ぜひ 3 問とも正解してください。

例題

From: Linda Crichton<linda@12345.com>
To: Samuel Silverman<samuel@678910.com>
Date: May 12, 2016
Subject: Class Party

Dear Sam,

I was glad that I ran into you at the electronics conference in San Francisco. It was a big surprise and you were nice company. How many years have passed since our graduation? Ten years? You haven't changed at all. It was so nice meeting you that I want to have a class party someday this fall. You said that you met Peter recently. He was the class president and I think he might have an address list of our class. If you can give me his e-mail address, I'll e-mail him to ask about it.

Best Regards,
Linda

Why will Linda e-mail Peter?
1 To inform him of the date of the class party.
2 To advise him to be a class representative.
3 To help them get to know each other.
4 To ask for an inventory.

| 訳 |

送信者：リンダ・クライトン <linda@12345.com>
宛先：サミュエル・シルバーマン < Samuel @678910.com>
日付：2016年5月12日
件名：クラス会

親愛なるサム
サンフランシスコのエレクトロニクス会議で偶然お会いして、うれしかったです。本当に驚きましたが、ご一緒できてよかった。卒業して何年たったのでしょうか。10年？　あなたは全然変わっていませんね。あなたと会えてとってもうれしかったので、クラス会をこの秋ごろに開きたいと思っています。最近ピーターに会ったと言っていましたね。彼は学級委員長だったから、クラスの住所録を持っているかもしれません。彼のメールアドレスを教えてもらえれば、その件に関して彼にメールを送ろうと思います。
よろしくお願いします。
リンダ

設問・選択肢の訳 ▶ なぜリンダはピーターにメールを送るのですか。
1　クラス会の日付を知らせるため。
2　学級委員長になるよう勧めるため。
3　互いに知り合う助けにするため。
4　リストをもらうため。

正解 4

解説　このメール全体の流れは、①偶然会った→②楽しかった→③クラス会を開きたい→④ピーターから名簿が欲しい、です。リンダがピーターにメールを送るのは名簿をもらうためです。落ち着いて読めば解ける問題です。address list（名簿）の代わりに inventory（一覧表、リスト）という単語が使われています。この1語で、解答を迷うかもしれませんが、ほかの選択肢を消去して解答してください。

実用英語技能検定(英検) 問題形式リニューアルについて

リニューアル内容

級	一次試験				二次試験
	筆記試験		試験時間	Listening	Speaking
	Reading	Writing			
1級	41問→35問 ・大問1：短文の語句空所補充 　→3問削除 ・大問3：長文の内容一致選択 　→3問削除	英作文問題の出題を1題から2題に増加 既存の「意見論述」の出題に加え、「要約」問題を出題	変更なし 100分	変更なし	変更なし
準1級	41問→31問 ・大問1：短文の語句空所補充 　→7問削除 ・大問3：長文の内容一致選択 　→3問削除	^	変更なし 90分	変更なし	受験者自身の意見を問う質問に<u>話題導入文を追加</u>
2級	38問→31問 ・大問1：短文の語句空所補充 　→3問削除 ・大問3B：長文の内容一致選択 　→4問削除	^	変更なし 85分	変更なし	変更なし
準2級	37問→29問 ・大問1：短文の語句空所補充 　→5問削除 ・大問3B：長文の語句空所補充 　→3問削除	英作文問題の出題を1題から2題に増加 既存の「意見論述」の出題に加え、「Eメール」問題を出題	時間延長 75→80分	変更なし	変更なし
3級	変更なし	^	時間延長 50→65分	変更なし	変更なし

※アルクより (2024年3月)

最新情報は「実用英検 問題形式リニューアル 特設サイト」をご確認ください。
https://www.eiken.or.jp/eiken/2024renewal/

ポイント Eメール問題の攻略方法

　文章全体は短めですが、パラグラフの区切り目がわかりにくくなっています。パラグラフの冒頭は左寄せで書かれています。また、各設問がパラグラフごとに設けられている点は、ほかのリーディング問題と変わりません。
　それでは、読むときに気をつけるべきことを挙げましょう。

① 送信者と宛先を頭に入れる

　人間関係を理解しないといけません。上の例題では、Linda と Sam (Samuel) の名前を確認してください。なお、設問には Peter という名前が出ましたが、これはメールの本文中で触れられた人物です。書かれている人の名前と、人間関係をはっきり把握しましょう。

② 日付と件名をチェック

　メールでは Subject(件名)欄を重要視しましょう。内容理解のヒントになります。また、上の例題では日付は重要ではありませんでしたが、場合によっては時系列（時の流れ）が内容理解の重要な鍵になることがあります。いずれも最初にチェックしてください。

③ 本文中の宛先と送信者の肩書をチェック

　最初の Dear Sam（親愛なるサム）と文末の Linda は最初に目を通しましょう。この文章では互いがクラスで一緒だった友人です。ですから、それほど戸惑いませんが、ここに肩書が書いてある場合があります。Chapter 1 の模試問題では、次のような発信人の肩書が示されていました。

　Jim Peterson
　Director, Design Department
　Gooday Manufacturing
　（グッデイ製作所　設計部部長　ジム・ピーターソン）

　この種の情報を先に頭に入れてから本文を読み進めると、状況把握が楽になるのです。

[Step 3] 練習問題

●解答・解説 >>> 別冊 p.21

Step 4 までで学んだ、速読やパラグラフ単位での解答法などの技術を活用して問題を解きましょう。

1 大問 2　空所補充問題

次の英文を読み、その文意に沿って (1) から (3) までの (　) に入れるのに最も適切なものを **1**、**2**、**3**、**4** から 1 つ選びなさい。

Shaker Furniture

Shaker furniture is a style of furniture made by Shakers, a religious group that appeared in the late 18th century in England and then in the United States. They led simple, economical lives, and this is reflected in their furniture's plain, undecorated design. Shakers did not believe in (　1　). Rather, their property was held in common ownership. The Shaker movement declined in the late 19th century. However, their shared way of life did produce the distinguished style of furniture. Today, original Shaker furniture is preserved by, among others, the Fruitlands Museum Group at Harvard, Massachusetts.

Shaker furniture shows simple, functional beauty. It does not possess decorative elements; thus, it is light enough to carry. Shakers regarded decoration as dishonest and a sign of vanity. Shakers believed in the importance of function, and that any furniture's appearance should follow from its function. For example, a chair's main function is to provide comfort while sitting. To achieve this function, Shakers (　2　) such as decorative arms. This functionalism is the basis of Shaker furniture and influenced later craftsmanship.

Sam Maloof, an American woodworker, was a functionalist. After World War II, he (　3　) Shaker furniture. He made stereo cabinets, coffee tables, drawers and chairs. One of his elegantly curved rocking chairs was used by U.S. presidents at the White House. In 1985 he received a MacArthur Foundation fellowship, becoming the first craftsperson to receive the honor.

(1)
1　acquiring personal wealth
2　giving away personal belongings
3　investing in the stock market
4　selling their personal possessions

(2)
1 added a lot of excess elements
2 adored beauty
3 developed objects
4 got rid of excess elements

(3)
1 rejected and forgot
2 developed and refined
3 complained about and discarded
4 bought and decorated

大問3 A　Eメール問題

次の英文の内容に関して、(1) から (3) までの質問に対して最も適切なものを **1**、**2**、**3**、**4** から 1 つ選びなさい。

From: Daniel McConnell <mcconnell-d@senatorial.com>
To: Samuel Franken <franken-sam@senatorial.com>
Date: October 14, 2016
Subject: No Overtime Day

Hi Sam,

Yesterday was a fantastic day. Everybody in our factory seemed to enjoy the BBQ picnic. I hope it will encourage closer cooperation between the factory workers and management staff. I understand that sometimes it is quite difficult for you as a production manager to ask your staff to increase productivity, but this kind of activity will surely encourage people to work together.

By the way, you asked me to consider introducing "No Overtime Day." I think it's a great idea. How about Wednesday? Tommy Davis of Western Toys told me that his company also has a "No Overtime Day" on Wednesday. Let's discuss which day tomorrow morning. Is 10 o'clock OK at my office?

Another nice thing! Since we introduced the night shift last August, our output has increased significantly. We have been able to meet the increased demand for our new models. In relation to this I just received a call from vice president Hatch in the Chicago office. He said that the company is going to celebrate this achievement, and we will get a bonus! He is visiting us on November 5, and we will have a party in our conference hall on the second floor. He said he will give a speech there. I'll tell you the details tomorrow.

Daniel McConnell
Human Resource Department

(1) Daniel McConnell and Samuel Franken recently
   1 got promoted to factory managers.
   2 had a company picnic.
   3 hired some staff.
   4 joined the same company.

(2) What will be discussed in the following day's meeting?
   1 The next BBQ party.
   2 A way to increase productivity.
   3 Western Toys.
   4 A special worktime plan.

(3) Why will the vice president come to the factory?
   1 He will come to help the night shift.
   2 He is going to hand a bonus to the workers face-to-face.
   3 He is going to celebrate the factory's achievement.
   4 He will exhibit some new products.

3 大問3 B C　読解問題

次の英文の内容に関して、(1) から (4) までの質問に対して最も適切なものを **1**、**2**、**3**、**4** から1つ選びなさい。

Insects as Food and Feed

　The Food and Agriculture Organization of the United Nations, FAO, estimates that around 1 billion of the world's current 7 billion people are always hungry. The situation may get worse. It is estimated that the global population will reach 9 billion in 2050, 2 billion people more than today. With regard to climatic changes, overgrazing* of cattle and overfishing* of the oceans, how can human beings cope with such an enormous population explosion and establish food security? One answer could be "eating insects."

　Though seemingly unpleasant, insects have played a key role in human history. Some of them, such as bees, are pollinators*, meaning they convey the male parts of flowers to the relevant female parts of other plants, allowing the plants to reproduce. Other insects, such as ants, are cultivators of the soil. Others, such as silkworms, are weavers of textiles. Although not technically insects, spiders also help humans by controlling harmful insects such as mosquitoes. Honeybees provide us with honey. Besides these benefits that insects bring to humans, insects may help us even more directly in the future. We need substitute food resources to help us cope with the booming human population, climate change, deforestation and wildfires. One solution would be to "farm insects."

　A persuasive reason for this solution is the high feed conversion efficiency (the amount of feed that is converted into body weight) of insects. Crickets need only 2 kg of feed for every 1 kg of body weight gain, whereas chickens need 2.5 kg, pigs need 5 kg, and cows need 10 kg. Additionally, the amount of the body that we can eat is much larger for insects. We can eat 80 percent of a cricket's body, 55 percent of chickens and pigs, and only 40 percent of a beef cow. Thus, as a food, crickets are twice as efficient as chickens and 10 times more efficient than cattle.

　Furthermore, insects have high nutritional value. They are high in healthy fat, protein, vitamins and minerals. Insects are already being used as feed in the production of fish, so we are already eating insects indirectly. By 2050, it is hoped that most people will be benefitting more directly from this valuable food resource.

*overgrazing: 過放牧　*overfishing:（魚の）乱獲　*pollinator: 受粉を媒介する昆虫など

(1) According to the essay, which of the following statements is true?
    1 More people might face hunger in 2050.
    2 The population will not increase due to a lack of food security.
    3 The FAO will control the global population.
    4 The FAO will easily establish food security.

(2) The author believes that insects
    1 are only important for making honey.
    2 will disappear due to deforestation.
    3 have benefitted humans in many ways.
    4 will need a new food resource after wildfires.

(3) Why does the author say insects are efficient as a food resource?
    1 It doesn't cost us a lot to catch them.
    2 They need relatively little food in order to grow.
    3 Their bodies can be easily processed into food.
    4 It is much easier to farm them than to keep beef cattle.

(4) Which of the following statements is true of insects?
    1 Insects are too high in fat to digest.
    2 By 2050 people will not be able to eat insects.
    3 Fish will no longer be fed with insects in 2050.
    4 People already eat a lot of insects indirectly.

Step Up ライティング

最初に書こう ライティング

ライティングの対策を採った私の生徒たちは、合格を手にしています。順番どおりに問題を解き、時間に追われて焦って書いても、よい文章を書けないかもしれません。筆記試験の最初に20分間取って、しっかり書きましょう。

🔑 大問4 ライティングの概要

最初に「英検」2級のライティングテストとは何かを知りましょう。ライティングは2016年の第1回試験から導入された大問4の問題です。

ポイント ライティングの構成点

ライティングは次の4つのポイントがそれぞれ4点で、合計16点になります。

内容：課題で求められている内容が含まれているか
構成：英文の構成や流れがわかりやすく論理的であるか
語彙：課題に相応しい語彙を正しく使えているか
文法：文構造のバリエーションやそれらを正しく使えているか
※「英検」ウェブサイトより

ポイント ライティングの時間配分

筆記試験の合計時間内であれば何分使ってもかまいませんが、リスニングの選択肢を見る時間などを考えれば20分が最適でしょう。

① **トピックを見て内容を考える時間　3〜5分**
　いきなり書き出してはいけません。文章は考えてから書き出したほうが、より修正が少なくなります。そして、よい内容の文章が書けます。

② **実際に書く時間　12分**
　書く内容を決めてメモしておけば、早く書けます。

③ **文法を見直す時間　3〜5分**
　自分の文章には必ずミスが含まれている、と思わないと間違いを見逃します。語

数を稼げばいいのではなく、正しい文章を書くことが大事なのです。

④ 最初に解いてもよい
　リスニングを除いた試験全体の解答時間は 85 分です。この 85 分間の時間配分に自信のない人は、最初にライティングに着手しましょう。そうすれば、ライティングにきっちり 20 分間を充てることができます。

ポイント 筆記体よりブロック体
　きれいな筆記体は読んでいて気持ちがいいものです。そんなすてきな字を書く皆さんを尊敬しますが、テストではブロック体で書きましょう。筆記体だとスペルが正しいのか、採点者が判断できない場合があります。

筆記体の例
I do believe that people should avoid making violent movies.
ブロック体の例
I do believe that people should avoid making violent movies.

　それでは、実際の試験と同形式の問題を見ながら、ライティングの基本を見ていきましょう。

例題

（指示文）
・以下の TOPIC について、あなたの意見とその理由を 2 つ書いてください。
・POINTS は理由を書く際の参考となる観点を示したものです。ただし、これら以外の観点から理由を書いてもかまいません。
・語数の目安は 80 語〜 100 語です。

TOPIC（本番では日本語は書かれていませんから気をつけてください）
These days, many Japanese people travel overseas for their vacations. Do you think even more Japanese will travel abroad on vacation in the future?（今日、多くの日本人が休暇で海外旅行をします。この先、さらに多くの日本人が休暇で海外旅行をするようになると思いますか）

POINTS（あらかじめ書かれています。日本語は書かれていません）
● Cost（費用）　　● English（英語）　　● Asia（アジア）

　指示文にあるように、① 2 つの理由を書く、そして② 80 語から 100 語の文章を書きます。最初に解答例を見てください。

> **解答例**
>
> I believe that more Japanese people will enjoy overseas vacations in the future. <u>First</u>, airfares are not so high. When you compare an airfare to Hong Kong with a shinkansen bullet train ticket to say Hokkaido from Tokyo, which do you think is lower? Thanks to low-cost carriers, travel to Hong Kong is cheaper in some cases. <u>Second</u>, many Japanese people go to other parts of Asia, while many Asian people come to Japan. We communicate with each other because we have become friends. <u>For these reasons</u>, I think more Japanese people will travel abroad, especially within Asia.（98語）
>
> 　訳　私は、将来もっと多くの日本人が海外の休暇を楽しむようになると信じています。第1に、航空運賃はそれほど高くありません。香港までの航空運賃と東京から北海道までの新幹線の運賃を比べると、どちらが安いと思いますか。格安航空会社のおかげで、香港への旅のほうが、場合によっては安くなります。第2に、多くの日本人がアジアのほかの地域へ行き、一方で多くのアジアの人々が日本にやって来ます。友人同士になれば、互いに連絡を取り合うものです。これらの理由により、より多くの日本人が海外、とりわけアジア地域内で旅行するでしょう。

この解答例のよい点を挙げます。

① 2つの理由をわかりやすく示している

First, ...：飛行機代が高くない。
Second, ...：アジアの人々との相互交流の機会が多い。

② 最後に結語を述べている

For these reasons, ...：冒頭の文を若干変えた文で結論を述べている。

さらに、よい解答を書くうえで次のようなポイントを挙げることができます。

① 設問に沿った答えを書く

日本人全体に関しての答えを書いてください。例えば、自分は旅行が好きだから、ということを延々と書いても点数をもらえません。解答例では第 1 文で more Japanese people will enjoy overseas ... とトピックにしっかり答えています。

② 採点者にわかりやすく書く

解答例のように、First、Second、For these reasons などの文章構造のポイントとなる語句を使ってください。

③ トピックを言い換える

これについては、次の Step 1 で詳しく説明します。

なお、解答時に自分の考えをまとめるためにメモを取ることができます。メモは問題用紙の [MEMO] 欄に記入できます。解答はもちろん英語ですが、メモ書きは日本語でも大丈夫です。次の例を参考にしてください。

```
Yes ①運賃 — airfare
       香港⇔北海道
       LCC vs 新幹線 bullet train

    ② Asian friends ⇔ 日本人
       communication たくさん
```

ポイント 語数は守る

語数について「80 語〜 100 語」と指定がありますから、守りましょう。目安よりもかなり少ない場合には、評価が低くなると思います。内容が薄いと見なされるでしょう。また、指定されたライティング解答欄に書いてください。そうしないと、採点されません。

[Step 1] 書き出しの練習

　Step 1 では、第1文を書くポイントを確認しましょう。はっきりと、自分の意見はこうだ、という強い言葉を使ったほうがわかりやすいでしょう。一方、TOPIC の文を完全にコピーするのは避けてください。
　では、先ほどの「例題」を使って見ていきます。

質　問：Do you think even more Japanese people will travel abroad on vacation in the future?
解答例：I believe that more Japanese people will enjoy overseas vacations in the future.

　この下線を引いた言い換えの部分が大事なのです。
　そして、文の出だしは I think that ... か I believe that ... とし、もっと強く意見を出したいときには strongly、particularly、certainly などの副詞を使うといいでしょう。また、強調の do を使うことにより、自分は強くこう思うのだ、ということを表せます。

I strongly believe that ...（…と強く信じる）
I certainly think that ...（確かに…だと思う）
I do believe that ...（本当に…だと信じる）

　次に、まったく言い換えない例を示します。

解答例：I think even more Japanese people will travel abroad on vacation in the future.

　この文は間違いではありません。しかし、皆さんのライティング能力を確かめることができない文です。丸写しは減点対象となるかもしれません。また、第1文は文章全体の印象を決定づけます。以下の練習で書き方を学びましょう。

例題

各質問文の一部を言い換える形で、出だしの1文を書いてみましょう。ノートを用意して書いてください。

① Do you think people should not make violent movies?
（暴力的な映画は作るべきでないと思いますか）

② Do you think more people will own pets in the future?
（将来、ペットを飼う人たちが増えていくと思いますか）

③ Do you think children should be allowed to use cellphones at school?（子供たちは学校で携帯電話の使用を許されるべきだと思いますか）

④ Do you think people's cellphone manners are getting worse?
（人々の携帯電話の利用マナーが悪くなっていると思いますか）

⑤ Do you think it is better to increase holidays for students?
（学生にとって休日を増やしたほうがいいと思いますか）

解答例

① I do believe that people should avoid making violent movies.
（私は暴力映画を作るのを避けたほうがいいと強く思います）
should not を should avoid に言い換えています。

② I think that owning a pet will become more popular in Japan.
（日本でペットの飼育がより一般的になるだろう思います）
more people will own を owning として that 節の主語にしています。また、popular という単語が使われています。

③ I certainly believe that using cellphones at school should not be allowed.
（学校での携帯電話の使用は認められるべきではないと固く信じています）
to use cellphones を using cellphones とし、that 節の主語にしています。

④ I think that people's manners are improving.
（人々のマナーはよくなってきていると思います）
getting worse への反対意見として、improving を使っています。

⑤ I strongly believe that it is a good idea to increase holidays for students.（学生にとって休日を増やすのはよい考えだと強く信じています）
it is better を it is a good idea と言い換えています。

[Step 2] 理由付けの練習①

Step 1 では「書き出し」の練習をしました。Step 2 では理由付けの練習をしましょう。ライティングの指示文には POINTS 以外の観点でもよいと書かれていますが、解答時間を短縮するためにも、なるべく POINTS から 2 つの理由を選びましょう。

例題

- 以下の TOPIC について、あなたの意見とその理由を 2 つ書いてください。
- POINTS は理由を書く際の参考となる観点を示したものです。ただし、これら以外の観点から理由を書いてもかまいません。
- 語数の目安は 80 語～ 100 語です。

TOPIC

Students in Japan usually wear uniforms at junior and high school. Do you think it is a good idea to have a uniform? (日本では一般的に中学生や高校生が制服を着ます。制服の着用はいい考えだと思いますか)

POINTS
● Cost（費用）　● School rules（校則）　● Recognize（認識する）

2 つの理由付けを示す言葉には、以下のようなものがあります。

① first → second
② for one thing → in addition、on the other hand、furthermore

ほかにもありますが、理由が 2 つあるのだ、ということを示せればかまいません。一番簡単なのは、①の first と second の組み合わせでしょう。

まず、TOPIC に対して賛成意見を書く場合、反対意見を書く場合、それぞれの注意点と具体例を見てください。

(1) 賛成意見の書き出し
I definitely believe it is a good thing to wear a uniform at school.
（学校で制服を着るのはよいことだと固く信じています）

(2) 賛成意見の理由付けを2つ
First, I don't have to worry about what to wear in the morning, if we have a uniform.（第1に、制服を着れば、朝に何を着ようかと悩む必要がありません）
Second, students from the same school can share a sense of unity.
（第2に、同じ学校の生徒たちが連帯感を持つことができます）

(3) 反対意見の書き出し
I disagree with the idea that students should wear uniforms at school.
（学生が学校で制服を着るべきという考えに強く反対します）

(4) 反対意見の理由付けを2つ
First, in many cases, school uniforms are dull in color.
（第1に、多くの場合、制服は色が地味です）
Second, in general, school uniforms are much more expensive than ordinary clothes that we can wear everywhere.（第2に、一般的に、どこででも着られる普段着に比べて制服ははるかに高価です）

それでは、例題のTOPICについて、2つの理由付けを含めた解答をノートに書きましょう。

解答例

●賛成

I definitely believe it is a good thing to wear a uniform at school. First, I don't have to worry about what to wear in the morning, if we have a uniform. Therefore, I'm never late for school. Second, students from the same school can share a sense of unity. That also helps us to feel secure, for example, on the train when we can soon recognize other students being from the same school. For these reasons, I think it is a great idea to have a school uniform.（87語）

訳 私は、学校で制服を着ることはよいことだと固く信じています。第1に、制服を着れば、朝に何を着ようかと悩む必要がありません。ですから、私は決して学校に遅刻しません。第2に、同じ学校の生徒たちが一体感を持つことができます。そのことはまた、安心感にもつながります。例えば、電車の中ですぐに同じ学校の生徒同士であることがわかります。こうした理由で、制服があるのは素晴らしいことだと思います。

●反対

I disagree with the idea that students should wear uniforms at school. First, in many cases, school uniforms are dull in color. When I attended junior and high school, all I wore was a black uniform, like a crow. Second, in general, school uniforms are much more expensive than ordinary clothes that we can wear everywhere. Since I sweat a lot, I had to buy two school uniforms. That cost me a lot. For these reasons, I recommend that schools should stop using uniforms.（85語）

訳 私は、学校で制服を着るべきだという考えに反対です。まず、多くの場合、学校の制服は色が地味です。中学や高校に通っていたころ、カラスみたいな黒い制服ばかり着ていました。第2に、一般的に学校の制服は、どこでも着られる普段着よりもはるかに高価です。私は汗かきなので、制服を2着買わなければなりませんでした。ずいぶん費用がかかりました。こうした理由で、学校が制服の採用をやめることを提案します。

[Step 3] 理由付けの練習②

　理由付けの練習の2回目です。ここでは、自分の意見と違うことも書けるようになりましょう。
　「え～、どういうことですか」という声が聞こえます。
　試験は得点して受かればいいのです。自分の考えはこうだから、絶対にこういう解答でなければいけない、と考えるのは正しいことかもしれませんが、試験に落ちたら意味がないのです。
　就職の面接試験でどう言いますか。正直に、「別の会社を受けたのですが、落ちたので面接に来ました。本当は、あの会社に行きたかったのですが」――落ちますよ、こんなことを言ったら！「御社の将来性に鑑みて応募させていただきました」――これが当たり前です。
　自分の気持ちはどうだろうかと深く考え込むと、なかなか書けないですね。「もっと簡単に書けないの？」と聞くと、「理由がなかなか思い浮かばない」と言う生徒をたくさん見てきました。
　考え込みすぎるとハードルが高くなります。迷ったときは、まず、Yes / No 両方の答えを考え、書きやすいほうを解答にすれば楽なのです。
　それでは、両方を書けるようにしましょう。押さえるべきポイントは、①理由を2つ付けることと、②それぞれの理由をサポートする例を入れることです。そして、何よりも大事なことは自由な発想をすることです。

例題

・以下の TOPIC について、あなたの意見とその理由を2つ書いてください。
・POINTS は理由を書く際の参考となる観点を示したものです。ただし、これら以外の観点から理由を書いてもかまいません。
・語数の目安は 80 語～ 100 語です。

TOPIC
These days, most towns in Japan have libraries. Do you think people will use libraries more often in the future?（近年、日本のほとんどの町に図書館があります。将来、人々は今よりも頻繁に図書館を利用するようになると思いますか）

POINTS
● The Internet（インターネット）　● Digital books（電子書籍）
● Video games（テレビゲーム）

(1) 肯定の意見を書く練習
・出だしの 1 文を書きましょう。
・肯定の理由を 2 つ書きましょう。

解答例

I strongly believe that people in Japan love libraries, and we will use libraries more often in the future. First, if you use a library, you don't have to buy any books. Furthermore, many libraries not only have books but also CDs and DVDs, and you can listen to and watch them in the libraries. Second, using libraries will be much easier in the future because now we can search for books and reserve them online thanks to the Internet.

訳　日本人は図書館が好きで、これからもっと図書館を利用すると強く思います。第 1 に、図書館を利用すれば、本を買う必要がありません。さらには、多くの図書館が本だけでなく CD や DVD も所蔵しており、図書館内でそれらを視聴できます。第 2 に、将来、図書館の利用はもっと容易になるでしょう。なぜならば、インターネットのおかげで、今やオンラインで図書を探したり予約したりすることができるからです。
＊ここでは理由の一つが POINTS に挙げられたもの以外から選択されています。

(2) 否定の意見を書く練習
・出だしの 1 文を書きましょう。
・否定の理由を 2 つ書きましょう。

解答例

I believe fewer and fewer Japanese people will use libraries in the future. First, these days people do not read books. Many play video games instead. Second, we can use smartphones to read novels. We can even read some books for free.

訳　将来、図書館を利用する日本人はどんどん減るだろうと思います。第 1 に、最近、人々は読書をしません。代わりに、多くの人がテレビゲームをします。第 2 に、スマホで小説を読むことができます。本によっては無料で読めたりします。

[Step 4] 結論の練習①

ここまで、「書き出し」→「理由付け」を練習してきました。今度は「結論」の練習です。

文章の形を整えるためには「結論」が必要です。以下の3要素がそろった文章が、よい文章です。

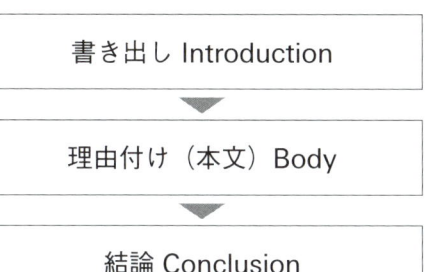

```
書き出し Introduction
      ▼
理由付け（本文）Body
      ▼
   結論 Conclusion
```

「結論」は1文でかまいません。そして、その内容は「書き出し」あるいは「理由付け」で述べたことを何らかの形で言い換えるといいでしょう。

例題

- 以下のTOPICについて、あなたの意見とその理由を2つ書いてください。
- POINTSは理由を書く際の参考となる観点を示したものです。ただし、これら以外の観点から理由を書いてもかまいません。
- 語数の目安は80語～100語です。

TOPIC

These days, a lot of people in Japan do volunteer activities to help others and society. Do you think more people should become involved in volunteer activities in the future?（近年、大勢の日本人がボランティア活動をして、他の人々や社会を助けています。将来、人々が今よりももっとボランティア活動に関わるようになるべきだと思いますか）

POINTS
- Natural disasters（自然災害）
- Senior citizens（高齢者）
- Environment（環境）

(1) 書き出しから理由付けまでを書く練習

・出だしの1文を書きましょう。
・理由を2つ書きましょう。

> **解答例**
>
> I do believe that more Japanese people should participate in volunteer activities. First, Japan suffers from natural disasters. Therefore, people often need help, and volunteers around Japan go to the areas where they are needed. Second, there are more active senior citizens than before. They can contribute to society by doing volunteer activities. Some senior citizens may be able to teach mathematics and English to elementary school students who have learning difficulties.
>
> 訳　より多くの人々がボランティア活動に参加するべきだと思います。第1に、日本は自然災害にさいなまれる国です。そのため、人々は往々にして助けを必要とし、日本中からボランティアが、必要とされる地域に行きます。第2に、以前よりも多くの活動的な高齢者がいます。彼らはボランティア活動を通じて社会に貢献できます。高齢者の中には、学習に問題を抱える小学生たちに算数や英語を教えられる人がいるかもしれません。

次に、結論部分を書き加えてみましょう。
　結論を導く表現として、次のようなものを挙げることができます。これらの言葉を使うと、皆さんの文章を読む採点者が、結論が書かれていることをはっきりと認識できます。なお、これらの表現の終わりには必ず「,」（カンマ）を入れてください。

For these reasons, ...（これらの理由により）
In conclusion, ...（結論として）
On the whole, ...（全体として）
In short, ...（端的に言って）
As a conclusion, ...（結論として）

(2) 結論を書く練習
・(1) の解答につなげる結論の 1 文を書きましょう。

解答例

For these reasons, I think more Japanese people should become involved in volunteer activities in the future.

　訳　これらの理由により、より多くの日本人が将来、熱心にボランティア活動に関わるべきだと思います。

[Step 5] 結論の練習②

　Step 4 で見たように、要約的な結論 (summary / conclusion) を示すだけではなく、このステップで勉強する、情報を加えたうえで結論を導く方法もあります。

例題

・以下の TOPIC について、あなたの意見とその理由を 2 つ書いてください。
・POINTS は理由を書く際の参考となる観点を示したものです。ただし、これら以外の観点から理由を書いてもかまいません。
・語数の目安は 80 語〜 100 語です。

TOPIC

These days, many people in Japan use credit cards to buy things at shops instead of cash. Do you think more Japanese people will use credit cards in the future?（近年、多くの日本人が店での買い物に現金の代わりにクレジットカードを使います。将来、今よりも多くの日本人がクレジットカードを使うようになると思いますか）

POINTS
● Safety（安全性）　● Online shopping（ネットショッピング）
● Travel（旅行）

(1) 書き出しから理由付けまでを書く練習
・出だしの1文を書きましょう。
・理由を2つ書きましょう。

解答例

We will certainly use credit cards more often in the future. First, when we travel abroad, it is much safer to use a credit card than to carry a lot of money. No one wants to be robbed in a foreign country. Second, people frequently use a card to pay for goods they buy online. For example, I even used a card to pay for this Eiken exam.

訳　私たちは間違いなく、将来、今よりも頻繁にクレジットカードを使うようになるでしょう。第1に、外国を旅行するとき、現金をたくさん持ち歩くよりもクレジットカードを使うほうがずっと安全です。誰も外国で強盗に遭いたくはありません。第2に、人々はオンラインでの購入商品の代金を払うのに、クレジットカードを頻繁に使います。例えば私はこの「英検」の支払いにさえ、カードを使ったのです。

(2) 結論を書く練習
・(1) の解答につなげる結論の1文を書きましょう。

解答例

In conclusion, people will definitely use these convenient credit cards instead of cash.

訳　結論として、人々は間違いなく、これらの便利なクレジットカードを現金の代わりに使うでしょう。

今度は、(1) の解答に情報をさらに付加したうえで結論を示してみましょう。書き出しには次のような表現が使えます。

Furthermore, ...（さらには）
In addition, ...（付け加えると）
In addition to 〜 , ...（〜に付け加えると：名詞句が続きます）

(3) 情報を追加したうえで結論を書く練習
・(1) の解答に、理由付けとなる情報を追加しましょう。
・結論の 1 文を書きましょう。

> **解答例**
>
> In addition, some smartphones can be used as a credit card. Thus, you don't have to carry the card itself. For these reasons, I think more people will use credit cards in the future.
>
> 　訳　加えて、スマートフォンの中にはクレジットカードとして使えるものがあるのです。そのため、クレジットカードそのものを持ち運ぶ必要がありません。これらの理由により、将来より多くの人々がクレジットカードを使うようになるだろうと思います。

　このような結論の書き方は「理由付けをもっと書いたらより明快なロジック（論理展開）になる」と感じているときに効果があるでしょう。

[Step 6] 文章の組み立てに多様性を持たせる

　書き慣れた人の文章は読みやすいものです。読みやすいように文章にバリエーションを持たせているのです。文章に流れを持たせるためには、接続詞、仮定法、比較級などを上手に用いる必要があります。このことは、ライティングテストの「文法」の点数に影響します。

ポイント 使える接続詞

　since（〜なので）、because（〜なので）、thus（従って）、therefore（だから）、nevertheless（にもかかわらず）、in this way（こうして）、for instance（例えば）、accordingly（その結果）、consequently（結果的に）などの接続詞・接続副詞を使いこなせるようにしましょう。

ポイント 仮定法のおさらい

●**仮定法過去（現在に関して）**
If I had enough money, I would buy a sports car.
（お金があったら、スポーツカーを買うのだけど＝お金がないから買えない）

●**仮定法過去完了（過去に関して）**
If there had been another road, we would have been able to avoid those accidents.（別の道路があったら、それらの事故を避けることができたのに＝ほかに道路がなかったので、事故が起きた）

●**直説法（もし〜ならば…になるだろう）**
　※これは仮定法ではなく直説法です。
If an earthquake takes place, we will check the Internet for information.
（もし地震が起こったら、ネットで情報をチェックするだろう）

　以上、仮定法の詳細は大問1の文法問題でチェックしましょう。

ポイント 比較級と最上級の確認

　形容詞・副詞の比較級や最上級を使うと、魅力のある文章になります。しかし、間違いも多く見かけます。正しい使い方を覚えてください。

●比較級

○ It will be much more convenient to use public transportation in Tokyo than to drive cars.
（東京では、公共交通機関を使うほうが車を運転するよりもずっと便利だろう）

× It will be very more convenient ...
比較級の強調には much、far、a lot などを使います。very は誤りです。

○ Living in the countryside is better than living in a large city.
（田舎で暮らすほうが大都市で暮らすよりいいだろう）

× Living in the countryside is more better than ...
better 自体が good の比較級ですから、more は不要です。

●最上級

○ Tokyo is one of the largest cities in the world.
（東京は世界最大の都市の一つだ）

× Tokyo is one of largest city in the world.
定冠詞の the と、cities と複数形にすることが必要です。「〜の中で最も…の一つだ」と言う場合には「one of the ＋複数形」と覚えてください。

不規則変化表（不規則変化をする形容詞と副詞の例です）

原級	比較級	最上級
little（少し［の］）	less	least
good（よい）/ well（よく）	better	best
bad（悪い）/ badly（悪く）	worse	worst
many（多くの）/ much（大量の、非常に）	more	most

例題

・以下の TOPIC について、あなたの意見とその理由を 2 つ書いてください。
・POINTS は理由を書く際の参考となる観点を示したものです。ただし、これら以外の観点から理由を書いてもかまいません。
・語数の目安は 80 語〜 100 語です。

TOPIC

These days, carmakers are developing self-driving cars in which a driver is not required. Do you think people will use these types of cars in the future?（近年、自動車メーカーが運転手を必要としない自動運転車を開発しています。将来、人々はこのような車を使うようになると思いますか）

POINTS

● Safety（安全性） ● Car accidents（車の事故）
● Drunk drivers（酒に酔った運転者）

(1) 書き出しと理由付け 2 つを 1 文ずつ書く練習

・出だしの 1 文を書きましょう。
・理由を 2 つ、それぞれ 1 文で書きましょう。

解答例

I do believe that self-driving cars will replace human drivers in the future. First, there are so many bad drivers. Second, we can relax while traveling by car if we have such cars.

訳　将来、自動運転車が人間の運転手に置き換わると強く信じています。第 1 に、本当に多くの悪質な運転者がいます。第 2 に、こうした車があれば、車での移動中にリラックスできます。

(2) 理由付けに多様性を持たせる練習

・(1) で書いた 2 つの理由付けに、接続詞、仮定法、比較級などを用いた文を追加しましょう。

> **解答例**
>
> ① **第 1 の理由**
>
> First, there are so many bad drivers. They often cause tragic accidents. Thus, self-driving cars will reduce the number of deaths.
>
> **訳** 第 1 に、本当に多くの悪質な運転者がいます。彼らは頻繁に悲劇的な事故を起こします。そう考えると、自動運転車は死亡者数を減らすでしょう。
>
> ② **第 2 の理由**
>
> Second, we can relax while traveling by car if we have such cars. For instance, my friend often calls me while I'm driving, but I cannot answer. If I had such a car, I could check calls and e-mails more often.
>
> **訳** 第 2 に、このような車があれば、運転中にリラックスできるでしょう。例えば、自分が車を運転しているときに友人がよく電話をかけてきますが、応答できません。もし、こうした車があれば、電話や E メールをより頻繁にチェックできます。

　こうした難度の高い文法を使うことにより文章を引き立たせることを、文章構造に多様性を持たせる、と言います。

[Step 7] エラーチェックの練習

　ライティングの解答で重要なことの一つは、書いた文章が文法的に正しいことです。皆さんは書きたいことを書いた、そして、内容がある程度よいとします。でも、低い点数が来ました。なぜでしょう？　それは、文法ミスが多いからです。
　典型的な文法ミスを見てみましょう。

ポイント 時制の一致

× Yesterday, I met a friend who says that our party last week is wonderful.
　これは、時制が一致していません。きのう会ったのですね。また、パーティーは先週にあったようです。過去形・過去完了形に直しましょう。
○ Yesterday, I met a friend who said that our party last week had been wonderful.
　（きのう、私たちの先週のパーティーが素晴らしいと言ってくれた友人に会った）

　また、過去の出来事を現在形で書いたり、同じ文の中で、過去と現在が入り交じったりすることがあります。次の例を見ましょう。
× When I was a junior high school student, I participate in the volunteer work.
　when の副詞節の時制と、主節の時制が合っていません。気をつけてください。
○ When I was a junior high school student, I participated in the volunteer work.（中学生のときにボランティア活動に参加しました）

ポイント 数の一致（単複の整合性）

× I think it is a good thing to have a uniform. Our school have a uniform.
○ I think it is a good thing to have a uniform. Our school has a uniform.
　（制服があるのはいいことだと思います。私の学校には制服があります）
　our school は単数名詞です。単数なのですから、動詞も単数に一致させましょう。
　また、友達や家族についての記述で間違えてしまうこともあります。
× My parents often goes to the library to borrow books.
○ My parents often go to the library to borrow books.
　（私たちの両親は、よく図書館へ行って本を借ります）
　parents という複数形なのですから、単数に一致する goes は駄目です。parents を主語にした文で、動詞を単数に一致させてしまう人は多いようです。気をつけてください。

　このように、「時制の一致」と「数の一致」は、数ある文法事項の中でもとりわけ間違いが多く、かつ、見直しをすれば必ず間違いを見つけられるポイントです。

では、次の例題を使って、文法のエラーチェックの練習をしましょう。

例題

・以下の TOPIC について、あなたの意見とその理由を 2 つ書いてください。
・POINTS は理由を書く際の参考となる観点を示したものです。ただし、これら以外の観点から理由を書いてもかまいません。
・語数の目安は 80 語〜 100 語です。

TOPIC

These days, there are many restaurants where smoking is not allowed. Do you think the number of these restaurants will increase in the future?(近年、喫煙が許されないレストランがたくさんあります。将来、こうしたレストランの数が増えると思いますか)

POINTS
- Health（健康）
- Public places（公共の場）
- Freedom（自由）

下の解答例を使って、解答の見直しの練習をしましょう。文法の間違いを探してください。皆さんはいくつ見つけられますか。

I definitely thinks that restaurants where smoking is not allowed will increase. I have two reason that to support my idea. Firstly, smoking bad for your health. Secondly, if smoking is allowed, the smells of the smoke mixes with the smell of the food. Thus, many customers cannot enjoy eating in a restaurants. Thirdly, a restaurant is public places where many people gathered together to eats. Some people may tolerates smoking, but others may not. For these reasons, I believe and hope that the number of restaurants where smoking is not allowed will increase in the future.

> **チェック例**
>
> （色文字の語句が訂正箇所）
> I definitely ① think that restaurants where smoking is not allowed will increase. I have two ② reasons ③ that support my idea. Firstly, smoking ④ is bad for your health. Secondly, if smoking is allowed, the ⑤ smell of the smoke mixes with the smell of the food. Thus, many customers cannot enjoy eating in a ⑥ restaurant. Thirdly, a restaurant is ⑦ a public place where many people ⑧ gather together to ⑨ eat. Some people may ⑩ tolerate smoking, but others may not. For these reasons, I believe and hope that the number of restaurants where smoking is not allowed will increase in the future.（98 語）
>
> 訳　禁煙のレストランは絶対に増えるだろうと思います。この考えを裏付ける 2 つの理由があります。第 1 に、喫煙は健康に悪いということです。第 2 に、喫煙が許されてしまうと、煙の臭いと料理の香りが混ざってしまいます。そのため、大勢のお客さんがレストランでの食事を楽しめなくなります。第 3 に、レストランは、たくさんの人たちが集まって食事を取る公共の場です。喫煙を我慢できる人も、そうでない人もいるのです。こうした理由から、将来、禁煙のレストランが増えるだろうと信じていますし、そうであることを望みます。

合計 10 カ所に間違いがありました。

ポイント スペルミス

スペルミスも、できるだけ減らしましょう。特に、トピックの内容に関わる単語のスペルをミスした場合には、大きな減点があると思ってください。

[Step 8] 練習問題

●解答・解説 ≫ 別冊 p.26

　ライティングの最後のステップとして、練習問題を3問解きましょう。解答時間は、各問20分間です。以下は時間配分の目安です。

考える時間	3〜5分
書く時間	12分
見直す時間	3〜5分
合計	20分

・次ページのTOPICについて、あなたの意見とその理由を2つ書いてください。
・POINTSは理由を書く際の参考となる観点を示したものです。ただし、これら以外の観点から理由を書いてもかまいません。
・語数の目安は80語〜100語です。

(1)
TOPIC
These days, people complain about tourists' manners in public places. Do you think tourists' manners will get worse in the future?

POINTS
● Tourism   ● Education   ● Tour guide

(2)
TOPIC
These days, people enjoy playing video games on their smartphones. Do you think it is a good idea to play video games?

POINTS
● Cost   ● Communication   ● Study hours

(3)
TOPIC
These days, many college students in Japan have a part-time job. Do you think the number of these students will increase?

POINTS
● Living expenses   ● Experience   ● Study hours

Step Up リスニング

1日休めば3日戻る、3日休めば1週間戻る

リスニングの力は衰えやすいものです。きょうは疲れたからリスニングはパス、は駄目です。忙しい日でも、30分間は集中して英語を聞いてください。Chapter 2 で紹介したような教材を有効に活用しましょう。

リスニングで高得点を取るための方法

最初に、全般的なリスニング問題の攻略方法を説明します。

ポイント 選択肢の先読みをする

実際の試験では、筆記問題を 80 分以内に終わらせて 5 分以上余らせてください。そして、この 5 分間をリスニング問題の選択肢の先読みに使います。

●先読みの順序と時間配分
① リスニング第 2 部（説明文）：3 分（1 問当たり 12 秒）
② リスニング第 1 部（会話文）：2 分（1 問当たり 8 秒）

●選択肢中の注意すべき語句に印を付ける

No. 10　**1**　They have to <u>protect</u> each other.
　　　　2　There is <u>not</u> enough food.
　　　　3　There are a lot of <u>safe</u> places.
　　　　4　There are <u>fewer</u> predators.

アンダーラインを引いた部分を見てください。これらが注意しなければいけない語句です。解答時間は 10 秒間です。その 10 秒の間だけで正解を判断するのは難しいでしょう。あらかじめ選択肢を読んでおき、否定語や動詞などキーとなる語句に印を付けておけば安心です。

第 1 部・会話問題の先読み時間は短く設定しました。会話問題では、選択肢の英文の難易度がそれほど高くないためです。第 2 部の説明文問題に、より多くの時間を割きましょう。

ポ イ ン ト テンポよく答える

　1問当たりの解答時間は10秒で、その時間が過ぎると次の会話やトークが始まります。悩む暇はありません。わからないときには諦め、次の会話やトークに集中するために、テンポよく答えましょう。

　次に、なぜリスニング問題で高得点を取れないのかを考えましょう。

・会話やトークの状況がわからない
・話されるスピードが速すぎてついていけない
・会話表現が苦手である

　一番多いのは、話の状況がわからないからでしょう。また、聞こえた英語を日本語に訳して理解しようとして、話の展開についていけなくなるということもあるでしょう。
　これらを克服する方法として、

・日本語に訳さないで話の展開を把握する
・練習問題を解いた後には必ず発音する

　ことが挙げられます。
　リスニングの練習問題を解いた後には必ず発音しましょう。英語が話されるさまざまな状況とトピック、そこで使われる表現に慣れることにより、リスニング問題で高得点が取れるようになります。

　それでは、次ページから具体的に練習しながらリスニング問題を攻略していきましょう。

[Step 1] 状況を理解する練習

まず、会話やトークの状況を理解する練習をしましょう。2択で解答する練習です。聞き取るべきポイントは以下のとおりです。
① Who（誰が？）：同僚、友人、店員と客、夫婦、親子など
② Where（どこで？）：家、会社、学校など

これらポイントに気をつけて聞きましょう（注意：わからないときにはこだわらなくても大丈夫！　話の流れだけを理解しましょう）。

例題

No. 1　**1** She will go to the party.　　　　　　　　◎ CD **17**
　　　　2 She will work hard.

No. 2　**1** The man's idea is not agreeable.　　　　　◎ CD **18**
　　　　2 The man should suggest an idea.

No. 3　**1** There is road construction on East Avenue.　◎ CD **19**
　　　　2 There is an event taking place on East Avenue.

No. 4　**1** It opened five years ago.　　　　　　　　◎ CD **20**
　　　　2 She had a party there.

No. 5　**1** They bought huge areas of land to grow crops.　◎ CD **21**
　　　　2 They stopped farming there.

▶ No. 1

スクリプト

M: Will you come to the party?
W: Sorry, I have to finish this assignment.
Q: What will the woman do?

訳

男性：パーティーに来てもらえる？
女性：ごめんなさい、この宿題を終わらせないといけないの。
Q：女性は何をするでしょうか。
　　1 彼女はパーティーに行くだろう。　2 彼女は一生懸命に勉強するだろう。
正解 2

解説　男性の誘いを断って、女性が Sorry と言っています。この段階でパーティーには行かないことがわかります。そして、finish this assignment（宿題を終わらせる）が聞き取れれば 2 を選択できます。

No. 2
▶ スクリプト

M: I can't agree with what you have proposed.
W: Then, why don't you think of something yourself?
Q: What does the woman suggest?

訳
男性：君が提案したことに賛成できないな。
女性：それなら、自分で何か考えたら？
Q：女性は何を言おうとしていますか。
　　1　男性の考えには賛成できない。　　2　男性はアイデアを出すべきだ。
正解　2
解説　男性が女性の提案に賛成できないと言っています。それに対して、女性が why don't you think of something yourself?（自分で何か考えたら？）と言っていますから、正解の 2 を選択できます。ここで、気をつけてほしいのは男性が I can't agree with ...（賛成できないな）と言っていることです。選択肢の 1 では The man's idea is not agreeable.（男性の考えには賛同できない）と書いてあります。男女が逆になっていますが、間違える可能性があります。

No. 3
▶ スクリプト

Welcome, listeners. This is Radio WWBA. I'm your host, Richard Hamilton. First, I have an announcement: Drivers, please avoid East Avenue. Today, the Red Bull basketball team will be celebrating its championship victory with a parade on East Avenue from 1 to 3 p.m. All traffic should use West Avenue or Pine Street instead.
Q: Why should drivers avoid East Avenue?

訳　こんにちは、リスナーの皆さん。こちらはラジオ WWBA です。番組のホスト、リチャード・ハミルトンです。最初に、お知らせがあります。ドライバーの皆さんはイースト・アベニューを避けてください。きょう、バスケットボールチームのレッド・ブルが、優勝の祝賀パレードをイースト・アベニュー

で午後1時から3時まで行うことになっています。すべての車両は、代わりにウエスト・アベニューまたはパイン・ストリートを通行してください。
Q：なぜドライバーはイースト・アベニューを避けたほうがいいのですか。
　　1　イースト・アベニューで道路工事がある。
　　2　イースト・アベニューでイベントが行われる。
正解 2
解説 選択肢2のeventがparade（[祝賀]パレード）のことだとわかれば、この選択肢を正解と判断できます。road construction（道路工事）については何も述べられていません。

No. 4
▶ スクリプト

M: There is a nice Italian restaurant in the mall.
W: You mean Restaurant Milano?
M: Yeah, that's right. Their food is delicious. Have you ever been there, Tammy?
W: Sure. We had our wedding reception there five years ago.
Q: What does the woman say about the Italian restaurant?

訳
男性：ショッピングモールにすてきなイタリアンレストランがあるよ。
女性：レストラン・ミラノのこと？
男性：うん、そうだよ。料理がとてもおいしい。行ったことある、タミー？
女性：もちろん。5年前にあそこで結婚披露宴を開いたの。
Q：女性はイタリアンレストランについてどんなことを言っていますか。
　　1　5年前に開店した。　　2　彼女はそこでパーティーを開いた。
正解 2
解説 女性のwedding reception（結婚披露宴）を聞き取れたでしょうか。partyとは言っていませんが、receptionからパーティーを連想してください。5年前に結婚披露宴を行ったとは言っていますが、5年前に店がオープンしたとは言っていませんから、勘違いしないでください。

No. 5
▶ スクリプト

Following the stock market crash in October 1929, the U.S. economy faced a severe reduction in economic activity. It was the beginning of the Great Depression. About one fourth of workers lost their jobs by 1932. A

lot of farmers lost their land, too. Farm owners in the southern part of the Great Plains were especially severely affected and had to leave their land.
Q: What happened to farmers in the southern Great Plains during the Great Depression?

訳 1929年10月の株式市場の崩壊を受けて、米国は厳しい経済活動の低迷に直面しました。それが、世界大恐慌の始まりでした。労働者のおよそ4分の1が1932年までに失職しました。多くの農業従事者らも土地を失いました。グレートプレーンズ南部の農場経営者たちは、特に深刻な損害を被り、自分の土地を離れなければなりませんでした。
Q：世界大恐慌の時期、グレートプレーンズ南部の農業従事者たちに何が起きましたか。
　1 彼らは広大な土地を購入して穀物を栽培した。
　2 彼らはそこでの農業をやめた。
正解 2
解説 トークでは世界大恐慌の影響が述べられています。労働者が職を失い、そして農民も影響を受けたと言っています。2カ所にヒントがあります。第4文で A lot of farmers lost their land, too.（多くの農業従事者らも土地を失いました）と述べられ、グレートプレーンズ南部の農業従事者に関しては最終文で ... and had to leave their land.（そして、自分の土地を離れなければなりませんでした）と述べられています。つまり、農業をやめたのです。**2** が正解です。

ポイント 電話での会話

　会話の状況としてもう一つ重要なものに、電話があります。電話での会話では、特別な言い回しが使われます。次のような言い回しに慣れておきましょう。

This is Kambe calling.（こちらはカンベです）
May I talk to Cindy?（シンディーと話をしたいのですが）
Hold on, please.（切らないでお待ちください）
I'll connect you to Susan.（スーザンにおつなぎします）
I'll put you through to Ms. Yoshida.（吉田さんにおつなぎします）
I'm sorry she is not available now.（あいにく今、彼女は電話に出られません）
Can I take a message?（伝言を承りましょうか）
I'll call you back later.（後でかけ直します）
I'm afraid you have the wrong number.（電話番語をお間違えのようです）

[Step 2] 第 1 部—会話のトピックに慣れる

第 1 部では、さまざまなトピックの会話を聞くことになります。最初に、学校や職場での会話、そして、電話での応答などを見てみましょう。

ポイント 学生生活に関係するトピック

それでは、最初に学校に関する問題を 2 問解きましょう。正しい選択肢を選んでください。解答時間はそれぞれ 10 秒です。

例題

No. 1　1　Help him finish his homework.　　　　　　　　　CD 22
　　　　2　Prepare him a sandwich.
　　　　3　Watch TV with him.
　　　　4　Study with him.

No. 2　1　He enjoyed wearing a kimono.　　　　　　　　　CD 23
　　　　2　He had a good experience hosting Kaori.
　　　　3　He enjoyed staying in Japan.
　　　　4　He traveled around Canada with Kaori.

▶ No. 1

スクリプト

M: Wow, Janet. Can you stop talking while I'm working on this homework?
W: James, I was only asking if you wanted a sandwich. OK. So you don't want one, do you?
M: Sorry, I couldn't hear you. I will have one if it's still all right with you.
W: Fine. Next time, I won't talk to you while you're concentrating on something.
Q: What does James want Janet to do?

訳

男性：ねえ、ジャネット。こうやって宿題をしている最中に話しかけるのをやめてくれないか。
女性：ジェームズ、ただあなたがサンドイッチを欲しいか聞いていただけなのよ。いいわ。いらないのね。
男性：ごめん。聞こえなかったんだ。もしよければ、1 つ欲しいな。

130

女性：いいわよ。次からは、あなたが何かに夢中になっているときには話しかけないようにするわ。
Q：ジェームズはジャネットに何をしてほしいのですか。
　　1 宿題を終わらせるのを手伝う。　　**2** サンドイッチを用意する。
　　3 一緒にテレビを見る。　　　　　　**4** 一緒に勉強する。

正解 2

解説 I will have one ... と言っていますから、男性がサンドイッチを欲しがっていることがわかります。話しかけないでほしいと言っていますが、そこはポイントではありません。

▶ No. 2

スクリプト

W: Well, Mr. Reagan, it was nice meeting with you. Your family was so nice to me during my homestay. And I really learned a lot about life in Canada.
M: Kaori, it was a wonderful experience for us to host a student from Japan. Janis enjoyed wearing the kimono you brought.
W: Yeah, she was really beautiful in it. I hope you'll come to Japan someday.
M: Sure, we would love to visit you.
Q: What does Mr. Reagan say about the homestay?

訳

女性：あの、レーガンさん、お会いできてよかったです。ホームステイの間、ご一家で本当によくしてくださいました。おかげさまで、カナダでの生活についてたくさんのことを学ばせていただきました。
男性：カオリ、私たちにとって日本から来た学生さんをお世話するのは素晴らしい経験だったよ。ジャニスは、君が持ってきてくれた着物を喜んで着ていたね。
女性：ええ、彼女、本当にきれいでしたね。いつか日本へおいでいただければと思います。
男性：もちろん、ぜひ君を訪ねたいよ。
Q：レーガンさんはホームステイについて何と言っていますか。
　　1 彼は着物を着て楽しんだ。
　　2 彼がカオリの世話をするのはよい経験だった。
　　3 彼は日本での滞在を楽しんだ。
　　4 彼はカオリとカナダを旅行して回った。

> **正解** 2
>
> **解説** ... it was a wonderful experience for us to host a student ... から、レーガンさんがホストの役割を楽しんだことがわかります。選択肢にも同じ experience という単語が使われています。

　このような宿題や短期のホームステイ以外にも、学生生活に関するトピックにはさまざまなものがあるでしょう。宿題、履修登録、図書館の利用、外国語の勉強、クラブ活動など多岐にわたります。

■学生生活に関して知っておきたい語句

　さまざまなトピックの中で出題されやすい単語を選択しました。練習問題を解いたときなどに、初めて出合った語句を書き留めて語彙力を伸ばしてください。

① 学期：first semester（前期、1学期）　　second semester（後期、2学期）
　quarter（[4学期制の] 学期）
② 試験：midterm exam（中間試験）　final exam（期末試験）　paper（小論文）
　assignment（宿題）　tutor（家庭教師）
③ 図書館：library（図書館）　librarian（図書館司書）　due（貸出期限）
　fine（[貸出期限を過ぎたときの] 罰金）
④ 生活：dormitory（寮）　study group（勉強グループ）　co-op（生協）
⑤ 行事など：bulletin board（掲示板）　orientation（オリエンテーション）
　commencement / graduation ceremony（卒業式）

ポイント 仕事に関するトピック

　次に、仕事に関するトピックを学びましょう。最初に、仕事に関する問題を2問解きましょう。正しい選択肢を選んでください。解答時間はそれぞれ10秒です。

例題

No. 1　1　He will ask Rachel to make a note for him.　　◎ CD 24
　　　 2　He will hold a presentation at the music hall.
　　　 3　He will attend a conference.
　　　 4　He will have lunch with some IT people.

No. 2　1　Give a presentation without preparation.　　◎ CD 25
　　　 2　Call a computer security company.
　　　 3　Create a presentation.
　　　 4　Ask Susan to make a presentation.

▶ No. 1

スクリプト

W: Hey, Luke. Are you going to attend the IT conference this afternoon?
M: What's that, Rachel? A conference? I didn't know about that.
W: Some major IT companies are coming to the music hall downtown. I heard that they still have some tickets left.
M: That's a relief. I specialize in electronics, so I wouldn't want to miss it.
Q: What will Luke do?

訳

女性：ねえ、ルーク。午後のIT会議に参加するの？
男性：何それ、レーチェル？　会議だって？　そんなの知らなかったよ。
女性：ITの大企業が何社か街の音楽ホールに集まるのよ。まだ、チケットが残っているって聞いたけど。
男性：それはよかった。僕は電子工学が専門だから、見逃したくないね。
Q：ルークは何をするでしょうか。
　　1　レーチェルにメモを取ってくれるように頼む。
　　2　音楽ホールでプレゼンテーションを行う。
　　3　会議に参加する。
　　4　IT関係の人たちと昼食を取る。

正解　3

解説　男性が ... I woudn't want to miss it.（見逃したくない）と言っていますから、3の「会議に参加する」が正解です。また、女性のI heard that they still have some tickets left.（チケットが残っていると聞いている）からも、参加すると推測できます。

▶ No. 2

スクリプト

M: Oh, no! My computer crashed and now all the data is gone. I need to give a presentation on our sales tomorrow. What shall I do?
W: Didn't you keep the data anywhere else?
M: No, I only prepared the figures this morning, so I still hadn't saved them.
W: Calm down. Susan has the original sales figures, too. We can use hers. I'll give you a hand.
Q: What does the woman say they will do?

133

> **訳**
> 男性：ああ、なんてことだ！ コンピューターがクラッシュしてデータが消えた。売り上げについてのプレゼンテーションを明日しなくちゃならないのに。どうしよう？
> 女性：データをどこか別の場所に保存しなかったの？
> 男性：いや、今朝、数字を準備したばかりで、まだ保存してなかったんだ。
> 女性：落ち着いて。スーザンも売上高の元データを持っているの。彼女のを使えばいいわ。私が手伝うわよ。
> Q：女性は自分たちが何をすると言っていますか。
> 　　1 準備なしにプレゼンテーションを行う。
> 　　2 コンピューターのセキュリティー会社に電話をする。
> 　　3 プレゼンテーションの資料を作る。
> 　　4 スーザンにプレゼンテーションをするように依頼する。
>
> **正解** 3
>
> **解説** 女性が I'll give you a hand.（私が手伝う）と言っています。選択肢3 の Create a presentation.（プレゼンテーション用の資料を作る）ことを手伝うのです。ここを聞き逃すと、直前で Susan の名前が出ているので 4 と勘違いするかもしれません。

　仕事に関する会話を聞きましたが、どうでしたか。仕事の経験のある人には簡単だったと思います。2番目の問題に関しては、仕事の経験がない人は内容がよくわからずに、戸惑うと思います。sales figures（売上高）などは、中高生では知らなくて当然です。しかし、「英検」2級ではさまざまなトピックの会話が出題されます。さまざまなトピックを題材にした練習問題を解いて、100パーセント理解できなくても解答を導く力をつけてほしいと思います。

■仕事に関して知っておきたい語句

　最近の過去問から気になった語句を選択しました。「英検」2級では準2級に比べてビジネスの会話やトークが増えます。気後れしないで、解きましょう。

① 会議：emergency meeting（緊急会議）　presentation（発表、プレゼンテーション）　conference（会議）　sales report（売上報告［書］）
② 人事：job interview（就職面接）　transfer（転勤）　promotion（昇進）　position（職種、役職）　lay off（解雇する）
③ その他の仕事：business trip（出張）　online（インターネットで）　deadline（期限）　client（顧客）　work overtime（残業する）　advertisement（広告）　architect（建築家）　close down（廃業する、閉店する）

ポ イ ン ト その他のトピック

ほかにも、さまざまなトピックがあります。旅行、レジャー、病気など多岐にわたるトピックに慣れなければなりません。中には、デートで女の子がお金を払わないからもう会わない、と文句を言う息子と母親の会話など、聞いていて拍子抜けしてしまうようなものもあります。

例題

No. 1　1　A minivan.　　　　　　　　　　　　　　　CD 26
　　　　2　A sports type.
　　　　3　A truck.
　　　　4　A sedan type.

No. 2　1　He can practice baseball tomorrow.　　　　CD 27
　　　　2　He should stop practicing baseball for a while.
　　　　3　He should coach the team instead.
　　　　4　He needs to have surgery on his shoulder.

▶ No. 1

スクリプト

M: Hello. Thomas Rent-A-Car. How may I help you?
W: Hi. My name is Susan Victor. I'm traveling to your city next week, and I want to know if I can rent a family-size car for a week.
M: Sure thing! How many people are there? A sedan would be best for four people. A minivan would be better if there are six or so of you.
W: Oh, it'll just be me, my husband and two children. So, there will be four of us.
Q: What type of automobile will Susan use?

訳

男性：もしもし。トーマス・レンタカーです。どのようなご用件でしょうか。
女性：もしもし。スーザン・ビクターと申します。来週そちらの町へ旅行するので、ファミリーサイズの車を1週間、借りられるかお伺いしたいのですが。
男性：もちろん大丈夫ですよ！　何名でお越しですか。セダンは4名に最適です。6名くらいでしたらミニバンのほうがよろしいでしょうね。
女性：ああ、私と夫と子ども2人だけです。だから4名です。

135

Q：スーザンはどんな種類の自動車を使いますか。
  1 ミニバン。　　**2** スポーツタイプ。
  3 トラック。　　**4** セダン。

正解 4

解説 人数が絡んでいるので悩むかもしれませんが、少なくともスポーツタイプとトラックは述べられていませんから、この2つは消せます。男性が A minivan would be better if there are six or so of you.（6名くらいでしたらミニバンのほうがよろしいでしょう）と言っています。しかし、女性は4名だと言っていますから、**4**の「セダン」が適切です。

No. 2

スクリプト

▶*M:* Hello, Doctor. I have had a shoulder pain since yesterday. I think I practiced baseball too much.
W: Oh, I see. I'll give you some medicine to relieve the pain. But the most important thing is to take a rest, OK?
M: Yes, I know. But we have a big game next week. Is it OK if I start practicing from this weekend?
W: I wouldn't advise it.
Q: What does the doctor say about the man?

訳

男性：こんにちは、先生。きのうから肩が痛むんです。野球の練習をしすぎたんだと思います。
女性：ああ、なるほど。痛み止めを出しましょう。でも、一番重要なのは休むことですよ。いいですね？
男性：ええ、わかってます。でも、来週大事な試合があるんです。今週末から練習を再開してもいいでしょうか。
女性：それはお勧めしませんよ。
Q：医者は男性について何と言っていますか。
  1 明日、野球の練習ができる。
  2 しばらく野球の練習をやめたほうがいい。
  3 代わりにチームのコーチをするべきだ。
  4 肩の手術を受けなければならない。

正解 2

解説 医者は But the most important thing is to take a rest, OK?（でも、一番重要なのは休むことですよ。いいですね？）と言っていますので、**2** が

正解です。なお、最後の I wouldn't advise it.（それはお勧めしませんよ）を、I would advise it. と聞き間違えた場合には、**1** を選択する可能性があります。

■**その他に知っておきたい語句**

過去問から気になるものを選択しました。これらの単語を知ることにより、幅広いトピックの聞き取りに役立てましょう。

① 家庭内：employ a housekeeper（家政婦を雇う）　baby-sit（子守をする、子供を世話する）
② 旅行・レストラン：aisle seat（飛行機などの通路側の席［aisle は「アイル」と発音］）　window seat（飛行機などの窓側の席）　book a hotel room（ホテルを予約する）　book a tour（ツアーを予約する）　refund（払い戻す）　vegetarian platter（ベジタリアン用の大皿料理）　recipe（調理法）
③ その他：parking sticker（駐車許可証）　speeding ticket（速度違反の反則切符）　parking ticket（駐車違反切符）　police department（警察署）　horseback riding（乗馬）　receipt（領収書［「レシート」と発音］）

それでは、練習問題を解きましょう。2択の練習問題です。

練習問題

● 解答・解説 >>> 別冊 p.29

No. 1　**1** His grade on one art class was low.　　CD **28**
　　　　2 He has to drop out of university.

No. 2　**1** The man should borrow a different book.　　CD **29**
　　　　2 The man has not returned a book he borrowed.

No. 3　**1** To the zoo.　　CD **30**
　　　　2 To the beach.

No. 4　**1** Bring her some printer ink.　　CD **31**
　　　　2 Repair the machine.

No. 5　**1** The old website was better.　　CD **32**
　　　　2 The website requires more improvement.

[Step 3] 第2部―説明文のトピックに慣れる

　第1部の会話のトピックは、多岐にわたるものでした。第2部の説明文もまた、非常に多くのジャンルのトピックから出題されます。それに伴い、人名・地名などの固有名詞や学術名などに注意してください。Persepolis（ペルセポリス：イランの遺跡）や Alpine swift（シロハラアマツバメ）など聞いたことのない名称が出てくると、それだけで慌ててしまうことがあります。しかし、注意して聞けば、それらが地名や鳥の種の名だとわかるようになっています。慌てないで聞きましょう。

　それでは、どのようなトピックがあるか見てみましょう。

ポイント 特定の人物

　ある特定の人が何をどうしたか、という話題を理解する問題です。難易度の高い単語が使用されることはあまりありません。しかし、「～を発見した」などの印象的な出来事が語られず、説明文のポイントをつかむのが難しい場合もあります。注意して聞きましょう。

例題

1　He attended a discussion.
2　He read books.
3　His friend told him everything he knew.
4　He visited developing nations.

◎ CD 33

スクリプト

Takashi is a member of the debating team at university. He is going to take part in a discussion on food security, but he doesn't know anything about it. He asked a friend to tell him about it. Instead, the friend advised Takashi to read several books on agriculture and the economies of developing countries. Now, Takashi has sufficient knowledge and is confident that he will be able to take an active part in the debate.

Q: How did Takashi gain some knowledge on the topic?

訳

タカシは大学の討論チームのメンバーです。彼は食料安全保障に関する討論に参加する予定ですが、その事柄について何も知りません。彼は友人に、それについて話してくれるように頼みました。友人は話をする代わりに、タカシに発展途上国の農業や経済に関する数点の本を読むようにアドバイスしました。今、タカシは十分な知識を身につけ、討論の場で活躍できる自信があります。

Q：タカシはどうやってその事柄について知識を得たのですか。
1 討論に参加した。
2 本を読んだ。
3 彼の友人が知っていることをすべて話した。
4 発展途上国を訪れた。

正解 2

解説 第4文で Instead, the friend advised Takashi to read several books on agriculture and the economies of developing countries.（友人は話をする代わりに、タカシに発展途上国の農業や経済に関する数点の本を読むようにアドバイスしました）と述べられています。**2** が正解です。**3** については、Instead, ...（その代わりに）という表現から、友人は教えていないことがわかります。

ポイント アカデミックな内容

さまざまなアカデミックなトピックに関する説明文です。科学的な内容の話、地理的な内容の話、歴史的な内容の話などが出題されます。大問2や3の文章を短くしたものと考えるといいでしょう。選択肢を先読みし、キーワードをマークしておくと説明文を理解しやすくなります。

例題

1 They have a large body.
2 They migrate each year.
3 The male tern steals fish from the female.
4 They live for only a couple of years.

◎ CD 34

▶ スクリプト

The Arctic tern is a seabird that migrates a tremendous distance. Although they are only 35 to 43 centimeters in body length, they fly a total of 40,000 kilometers each year between the Arctic and the Antarctic. Their mating ritual is also interesting. The male tern presents a fish to the female. If accepted, the birds form a lifelong couple. They can live 20 years or more.
Q: Which of the following is true of the Arctic tern?

訳 キョクアジサシは途方もない距離を渡る海鳥です。体長がほんの35から43センチメートルにすぎないにもかかわらず、毎年、北極と南極の間の計4万キロメートルを飛行します。キョクアジサシの繁殖行動も興味深い

139

ものです。雄が雌に魚を贈ります。それが受け入れられると、雌雄は生涯のつがいになるのです。この鳥は 20 年以上生きられます。
Q：次のうちのどれがキョクアジサシに当てはまりますか。
　　1 体が大きい。
　　2 毎年、渡りをする。
　　3 雄のキョクアジサシが雌から魚を盗む。
　　4 わずか 2 年間ほどしか生きない。
正解 2

解説 migrate（渡りをする）という単語をぜひ覚えてください。この単語を知らないと選択肢の **2** を選ぶのが難しくなるでしょう。消去法で解く場合には、キョクアジサシが体が小さいと述べられていますから、まず **1** を消せます。**3** は、トークの中の present という言葉から間違いだとわかると思います。また、トークの最後の文から、この鳥が長生きだということもわかります。解答時間の制限の中で、消去法を活用してください。

ポイント ラジオや店舗でのアナウンス

それほど難易度の高い単語は使われないようです。しかし、聞き取るのが難しいのがアナウンスです。まず、極端に元気よく話されている場合があります。また、話の展開が極めて早いため、注意しているつもりでも前の内容を忘れやすいので、気をつけて聞きましょう。

例題

1 It will be warmer than today.
2 It will rain or snow.
3 It will be colder than today.
4 It will be the same as today.

◎ CD **35**

▶ スクリプト

This is Radio Jack. What a fantastic day it is today! You may have realized that the cherry blossoms along the River Side Hotel are looking terrific. If you're planning to go there today, you're in luck. From tomorrow, extremely cold weather is expected. According to the weather forecast, we cannot expect highs of more than 10 degrees next week. Be ready to wear

gloves again! And, don't catch a cold while enjoying the cherry blossoms.
Q: What will the weather be like next week?

訳 こちらは「ラジオ・ジャック」です。きょうは何と素晴らしい日なんでしょうか！ リバー・サイド・ホテル沿いの桜がとてもきれいなことに、お気づきかもしれませんね。きょう、あそこへ行く予定の方は幸運ですよ。明日からは、とても寒い天気になると予想されています。天気予報によると、来週は最高気温が 10 度を上回りそうもありません。また手袋を身に着けるつもりでいてください！ そして、お花見の最中に風邪をひかないでくださいね。
Q：来週の天気はどうなりそうですか。
    1 きょうよりも暖かくなるだろう。　**2** 雨か雪が降るだろう。
    3 きょうよりも寒いだろう。　　　　**4** きょうと同じだろう。

正解 3

解説 アナウンサーが From tomorrow, extremely cold weather is expected. According to the weather forecast, we cannot expect highs of more than 10 degrees next week.（明日からは、とても寒い天気になると予想されています。天気予報によると、来週は最高気温が 10 度を上回りそうもありません。）と言っていますから、**3** の寒いだろうが正解です。なお、**2** の雨か雪には触れていませんから、選択しないでください。

それでは、さまざまなトピックの練習問題を解きましょう。

練習問題

●解答・解説 >>> 別冊 p.31

No. 1　**1** His jogging caused a traffic jam.　　CD **36**
　　　　2 He was teaching police officers how to run.
　　　　3 His purse was robbed.
　　　　4 He was questioned on suspicion of robbery.

No. 2　**1** You should scare a dog.　　CD **37**
　　　　2 You should train a dog.
　　　　3 You should meet dogs often.
　　　　4 You should keep away from dogs.

No. 3　**1** His former company cut its research budget.　　CD **38**
　　　　2 He wanted to create a new product.
　　　　3 He was laid off by his former company.
　　　　4 He wanted to establish a communications company.

No. 4　**1** There are not enough universities.　　CD **39**
　　　　2 They do not study hard.
　　　　3 Universities charge a lot of money.
　　　　4 State universities are due to close.

No. 5　**1** By visiting a website or signing up for a store card.　　CD **40**
　　　　2 By asking a store manager.
　　　　3 By spending more than $20.
　　　　4 By coming back in five weeks.

[Step 4] 話の展開を理解する練習

　会話や説明文の展開を理解する練習です。リスニング問題を解くうえで大事なのは、どういう状況で、どのように話が展開しているかを理解する能力です。第1部・会話問題を利用して、会話の展開を理解する力を磨きましょう。

　最初に会話問題を2問解きましょう。正しい選択肢を選んでください。解答時間はそれぞれ10秒です。

例題

No. 1　**1** He finished it last night. 　　　　　　　　◎ CD **41**
　　　　2 He left it at school.
　　　　3 His mother threw it away.
　　　　4 He could not finish it on time.

No. 2　**1** He is going to attend the conference. 　　　◎ CD **42**
　　　　2 He is moving to a new company.
　　　　3 He has been promoted.
　　　　4 He's setting up his own company.

▶ No. 1

スクリプト

W: Peter, hurry! You'll be late for school.
M: Mom, have you seen my history report? It has a blue cover. I have to hand it in at today's class.
W: It's here on the kitchen counter. You said you'd finished it and then you left it there last night.
M: That's a relief. I was really worried that I'd thrown it away.
Q: What happened to Peter's homework?

訳

女性：ピーター、急いで！　学校に遅れるわよ。
男性：お母さん、僕の歴史のリポートを見なかった？　青い表紙が付いてるんだ。きょうの授業で提出しなければいけないんだ。
女性：このキッチンカウンターの上にあるわよ。あなた、ゆうべ書き終わったと言って、そのままそこに置きっぱなしにしたのよ。
男性：ほっとしたよ。捨てちゃったかと思って本当に心配したんだ。
Q：ピーターの宿題はどうなりましたか。

1 彼が昨夜、終わらせた。
2 彼が学校に置きっぱなしにした。
3 彼の母親が捨てた。
4 彼が時間どおりに終えられなかった。

正解 **1**

解説 女性の You said you'd finished it and then you left it there last night. から、宿題が終わっていることがわかります。男性が「見つからないのだけど、捨てちゃったかな？」と心配している点を誤解すると、**3** と間違える可能性があります。

▶ No. 2

スクリプト

M: Hi, Sara. Did you hear Sam is moving to Boston? He won't be coming here after this week.
W: What? Why is he going to Boston?
M: Actually, he has been assigned to a managerial position at the Boston branch. He has been promoted.
W: Why don't we celebrate it with him?
Q: Why won't Sam come to the office next week?

訳

男性：やあ、サラ。サムがボストンへ異動するって聞いた？　彼は今週いっぱいで、ここには来なくなるんだ。
女性：なんですって？　どうしてボストンへ行くの？
男性：実は、彼はボストン支社の管理職に任命されたんだ。昇進したんだよ。
女性：彼とお祝いをしましょう。
Q：なぜサムは来週、この職場に来ないのですか。

1 彼は会議に出席する予定だ。
2 彼は新しい会社へ移ろうとしている。
3 彼は昇進した。
4 彼は自分の会社を設立しようとしている。

正解 **3**

解説 会話の中でキーになるところは、男性の2回目の発言中の ... assigned to a managerial position ... と He has been promoted. の2カ所です。ここを勘違いすると、**2** の「新しい会社へ移ろうとしている」を選択してしまうかもしれません。サムの行き先は同じ会社のボストン支社です。**3** の「昇進した」が正解です。

どうでしたか。話の展開を理解できましたか。

Chapter 1のミニ模試では、リスニング問題の第1部と第2部のどちらで多く間違えましたか。第2部の説明文の問題には間違わずに答えられるが、第1部の会話問題は苦手だ、という人は結構多いのです。説明文は、場合によっては内容を推測できてしまうことがあります。しかし、会話では予想を裏切るような話の展開があります。そのため、理解するのに時間がかかるときもあります。

それではもう一度、1番の問題の話の展開を確認しましょう。多くの人が、次の②のステップまでは理解できたと思います。
①「歴史のリポートが見つからない」→ ②「きょう提出しなければいけない」
問題はここからです。
③「キッチンカウンターの上にある」→ ④「昨夜、終わらせた」
この④のステップを聞き取れると、正解できます。しかし、ここで余分な情報が入ります。
⑤「捨てたかと思った」
この⑤が邪魔です。選択肢3のHis mother threw it away.（彼の母親が捨てた）に惑わされないようにしましょう。

次に、2番の問題の話の展開を再確認しましょう。
①「サムがボストンへ行く」→ ②「ここではもう働かなくなる」
ここまでは理解したと思います。
③「ボストン支社でマネジャーになる」→ ④「昇進した」
Boston branchは理解できましたか。branchは「支社、支店」などの意味です。be promoted（昇進する）は聞き取れましたか。聞き取れて意味がわかりましたか。選択肢は同じ単語を使っています。この単語を聞き取れないと間違える可能性があります。

[Step 5] ディクテーションの練習

　最後に、ディクテーションの練習をします。ディクテーション (dictation) とは、聞こえた英語を正確に書き取ることです。

　力が伸びた私の生徒たちは、皆ディクテーションの練習を行いました。私もディクテーションの練習で、リスニングの力を伸ばすことができました。ディクテーションは面倒かもしれませんが、確実に力を伸ばします。

ポイント ディクテーションのルール
① 1文ごとに音声を止めて、書き取る。
② 聞き取れない場合には、もう一度同じ文を聞く。
③ 一つの会話やトークが終わったら、書き取った文が正しいかチェックする。
④ 聞き取れなかった、あるいは聞き間違えた文を発音する。

　それでは、1センテンスずつ聞き取ってみましょう。

ミニ練習問題

● 解答・解説 ≫ 別冊 p.34

① CDトラック43を聞いて、ディクテーションをしましょう。
② CDトラック44を聞いてディクテーションをしましょう。

　ディクテーションは、細かいところまで聞き取る練習に最適です。上の練習が終わったら、Chapter 1 や Chapter 4 のリスニング問題を使って、ディクテーションの練習をしてください。

　2週間ぐらいで成果が表れると思います。根気よく練習しましょう。
　次に、聞き間違いやすい語句や表現を見てみましょう。

ポイント 聞き間違えやすい語句

(1) want と won't

He wants to come.（彼は来たがっている）
He won't come.（彼は来ない）
wants の -s（ウォンツのツ）で区別できるようになるといいですね。

(2) already と all ready

The tickets were already sold out.（チケットはすでに売り切れた）
The tickets were all ready to sell.（チケットはすべて販売準備が整っていた）
sold out と to sell の違いがあります。already と all ready だけでなく、全体に気をつけましょう。

(3) can と can't

I can come.（行ける）
I can't come.（行けない）
ゆっくり発音されると、can't は長く「キャーン」というふうに聞こえます。can のほうは短く「キャン」あるいは「カン」程度の発音になります。t の音はほとんど聞こえないので、速く発音されるとほとんど差を感じられず、間違いやすいのです。ですから、前後の話の内容から推測しなければならないときもあります。

(4) should've と shouldn't

I should've visited art museums.（美術館を訪れておくべきだった）
I shouldn't visit art museums.（美術館を訪れるべきではない）
shouldn't は比較的聞き取りやすいのですが、should've が聞き取りにくいのです。例文の visited のように、直後が過去分詞になることから判断してください。

ポイント 勘違いしやすい表現

会話やトークによく出てくる、ちょっと難しい表現です。押さえておきましょう。

(1) Before long, Tom and Mary got to know each other.（程なく、トムとメアリーはお互いに知り合った）

　before long という表現がわかりにくいようです。「間もなく、程なく」という意味です。

(2) Don't you think it's important for a couple to know each other before marriage?（結婚する前にお互いに知り合うことが2人にとって重要だと思わないか）

　否定疑問文に慣れていないと、意味を取り間違える可能性があります。

(3) It isn't unimportant, I believe.（それが重要でないことはないと思う）

　二重否定の問題です。isn't で1回否定し、unimportant でもう一度否定しています。結果、「重要だ」と言いたいのです。

(4) Indian movies are interesting, aren't they?（インドの映画は面白いよね）

　付加疑問文です。自分の意見に同意を求める場合などに使われます。ですから、一般的な疑問文ではないのです。

ポイント 慣用表現

聞き取れても意味がわからないと困るのが慣用表現です。覚えてください。

(1) close call（危機一髪）
We almost lost the game. It was a close call.
（危うく負けるところだった。危機一髪だった）

(2) be sick of ...（〜にうんざりしている）
I'm sick of eating sandwiches.（サンドイッチは食べ飽きた）

(3) eat out（外食する）
Let's eat out to celebrate your promotion.（君の昇進祝いに外食しよう）

(4) none of your business（君には関係ない）
What I eat is none of your business.（僕が何を食べようが君には関係ない）

(5) That's it for ...（〜はそこまでだ）
That's it for today.（きょうはこれで終わりにしよう）

(6) play it by ear（即興で行う）
We don't have much time to prepare for the Q&A session. Let's play it by ear.（質疑応答の準備をする時間がない。ぶっつけ本番で行こう）

(7) wrap up（終わらせる）
It's almost 9:00. Let's wrap it up.（もう9時だ。終わりにしよう）

(8) You bet.（もちろんだ）
Do I like you? You bet!（君を好きかって？　もちろんさ）

(9) You can say that again!（まったくそのとおりだ！）

(10) You said it!（そのとおりだ！）

慣用表現は単語・熟語と同じように、出合ったときにすぐに覚えましょう。

Step Up 面接

一次に合格してから…では遅い！

二次試験の面接は一次試験に合格した受験生たちが受験するものですから、レベルの高い受験者が受ける試験だと言えます。一次試験の段階から少しずつ面接の練習を行ってください。

面接の攻略

一次試験に合格してから面接の準備をするのでは間に合わない可能性があります。ふだんから、練習問題を解いたら必ず問題文を発音するなど、英語を発声する練習をしてください。

もう一つのポイントは、英語を話してください、ということです。面接の練習をする生徒を見ていて感じるのは、簡単な英語表現の誤りを犯す人が多いということ。例えば、「芸術は大事ですか」という質問に対して、次のように答えるようなものです。

The other day, I went museum. Excellent and fantastic. I am happy. We would needed respecting art.

さあ、落としてください、と言わんばかりの解答ですね。普通の英語を話してください。

それでは、面接の概要を見ていきましょう。

ポイント 点数配分

最初に面接の分野別の配点を見てみましょう。なお、合格点は公開されていませんが、CSEスコア導入前は19点とされていました。

① リーディング　　5点
② Q & A　　　　25点
③ アティチュード　3点
合計　　　　　　33点

① リーディング：面接カードに書かれたパッセージの音読が採点されます。
② Q & A：4つの質問に答えます。内訳は以下のとおりです。
　質問1（5点）：①で音読したパッセージの内容に関する質問に答える。
　質問2（10点）：問題カードのイラストを見て、そのストーリー展開を話す。
　質問3（5点）：受験者の意見を求める質問　Agree or Disagree（賛否）
　質問4（5点）：受験者の意見を求める質問　Yes or No（是非）
③ アティチュード：入室から退室までの間のコミュニケーション態度がよい場合に、点数が高くなります。テキパキと受け答えをするといいでしょう。配点は小さいのですが、合格している人は高い点をもらっています。

ポイント 練習の音声を録音して確認

面接の練習を行う際には、必ず自分の声を録音してください。そして、聞き直してください。生徒にこう言うと、決まって「自分の声は恥ずかしいし、英語を間違えていると嫌だから、録音したくありません」と答えてきます。ずいぶんですね。その恥ずかしい、間違えている答えを採点する面接委員の身にもなってください。

録音した自分の声を聞くことによって、誤りに気づきます。そして、それを直すように努力してください。

[Step 1] 問題カードの音読

面接の最初の課題は、問題カード上の英文を音読することです。次のような流れで行われます。

面接委員

Let's start the test. Here is your card.
（試験を始めましょう。あなたのカードをどうぞ）

英文パッセージと3コマのイラストが示されたカードを渡されます。

> **問題カード**

Kawaii Fashion

Inspired by animation and cartoon characters, kawaii fashion has spread to clothing markets for young women all over the world. Kawaii means "cute" and "beautiful," and it is a quality that is highly valued in Japanese pop culture, centered in Harajuku. Small shops there have created this kawaii fashion, and it appeals to many young women. Although the fashion mainly targets women, a new trend of kawaii men's fashion has started to appear.

（実際のカードには、ここに3コマのイラストが入ります）

　訳　（実際のカードには記されていません）
カワイイファッション
アニメや漫画のキャラクターに着想を得て、カワイイファッションは世界中の若い女性向け服飾市場に広がっています。カワイイは「かわいらしい」や「きれいな」という意味で、原宿を中心とした日本の大衆文化の中で高く評価される性質のものです。その地域の小さな店舗が、このカワイイファッションを生み出し、多くの若い女性たちにアピールしているのです。このファッションは主に女性をターゲットにしていますが、新たにカワイイ男性向けファッションも流行し始めています。

問題カードを渡された後、最初に20秒の黙読時間が与えられます。

> **面接委員**

Please read the passage silently for 20 seconds.
（パッセージを20秒間、黙読してください）

　黙読というのは、声に出さずに英文に目を通すことです。どのように音読すればよいかをチェックしましょう。

> **面接委員**

All right, now please read it aloud.（それでは、それを音読してください）

　read aloud は「音読する」という意味なので、叫ぶ必要はありません。CDトラック45のサンプルの音声と同じように、はっきりと発音すればいいのです。

ポイント 聞き取りやすい音読の仕方

　意味のあるフレーズ単位で区切って発音します。「Step Up 大問 2 & 3」の項で速読の練習をしました。そのときの区切りの単位よりも少し長めになります。次のようなポイントで区切るといいでしょう。

① ピリオドやカンマなどの句読点の後ろ
② and、but、although などの接続詞や however などの接続副詞の前
③ 前置詞の前

Kawaii Fashion　　CD 45

Inspired by animation and cartoon characters, / kawaii fashion has spread / to clothing markets / for young women / all over the world. / Kawaii means "cute" and "beautiful," / and it is a quality that is highly valued / in Japanese pop culture, / centered in Harajuku. / Small shops there have created / this kawaii fashion, / and it appeals / to many young women. / Although the fashion mainly targets women, / a new trend of kawaii men's fashion / has started to appear.

　相手が聞き取りやすい発音をすることがポイントです。例えば、全体の発音がフラット（平坦）だと、聞いていて内容がわかりにくいのです。次のような点を押さえておきましょう。

① イントネーションを大事に

　イントネーションとは強弱のことです。重要な語句を強く読みます。He went to the hospital.（彼は病院に行った）では、hospital を強く長く発音します。

② ピリオドの位置を正確に

　文と文の区切り目がはっきりしない発音をする人が多いようです。ピリオドには文の終了の意味があります。ピリオドの位置で必ず一呼吸空けましょう。その際、ピリオドの直前の語の語尾をはっきり発音するようにしてください。

③ 正しい区切り方で

　例えば、Inspired by / animation and / cartoon / characters や clothing / market for young / women のような区切りで発音すると、意味を取っていないと見なされます。この程度の長さでしたら一息で発音してほしいところですが、仮に区切るとしたら次のようになるでしょう。

　Inspired / by animation / and cartoon characters
　（着想を得て／アニメーションに／そして漫画の登場人物たち）
　clothing market / for young women（服飾市場／若い女性の）

[Step 2] 質問1：問題カードのパッセージに関する質問

音読したパッセージの内容に関する質問です。

> **面接委員**
>
> Now, I will ask you four questions.（では、4つ質問をします）
> No. 1. What started kawaii fashion, which now appeals to many young women all over the world?
> （1番。何がきっかけで、今や世界中の多くの若い女性にアピールするカワイイファッションが始まったのでしょうか）

> **解答例**
>
> Small shops in Harajuku created kawaii fashion.
> （原宿の小さな店舗が、カワイイファッションを作り出しました）

質問文の「何がきっかけで」への解答は、以下の下線を引いた部分です。

Kawaii Fashion

Inspired by animation and cartoon characters, kawaii fashion has spread to clothing markets for young women all over the world. Kawaii means "cute" and "beautiful," and is a quality that is highly valued in the Japanese pop culture centered in Harajuku. <u>Small shops there have created this kawaii fashion, and it appeals to many young women.</u> Although the fashion mainly targets women, a new trend of kawaii men's fashion has started to appear.

ただし、下線部をそのまま引用してしまうと減点されます。Small shops there have created this kawaii fashion, and it appeals to many young women. の there で受けられる語句が質問文の中にありません。そのため、there を in Harajuku などに置き換えなくてはいけません。

3級や準2級の面接では、問題文中の文章をそのまま引用すれば満点。しかし、2級では文章の趣旨をとらえて答えることが大事です。

なお、面接委員の質問が聞き取れない場合には、次のように尋ねてください。

I beg your pardon?（もう一度お願いします）
Please repeat your question.（質問を繰り返してください）

[Step 3] 質問2：問題カードのイラストの説明

3コマのイラストを見てストーリーを組み立て、それを話す課題です。面接カードの音読用パッセージの下に描かれているイラストについて、左から順に話を組み立てます。なお、イラストは音読用パッセージの内容と関係がありますから、パッセージ中の語句を使って話すことができます。

問題カード

Your story should begin with this sentence: **One day, Kaori and Cathy were talking about the upcoming Halloween.**（このセンテンスで話を始めてください：ある日、カオリとキャシーは今度のハロウィーンについて話していました）

面接委員

No. 2. Now, please look at the picture and describe the situation. You have 20 seconds to prepare. Your story should begin with the sentence on the card.（2番。絵を見て、その状況を説明してください。20秒間の準備時間があります。カードに書かれたセンテンスで話を始めなくてはいけません）

〈20秒間〉

面接委員

Please begin.（それでは、始めてください）

解答例

（1コマ目）One day, Kaori and Cathy were talking about the upcoming Halloween. Cathy said to Kaori, "We are going to have a Halloween party. Please come."

（2コマ目）A week later at Cathy's, Kaori went into the party room, and was surprised that all the guests were wearing kawaii fashion. Only Kaori was wearing a monster costume. Cathy offered to lend Kaori a princess costume.

（3コマ目）An hour later at the party. Kaori changed into the princess costume and enjoyed talking with the other guests.

訳 ある日、カオリとキャシーは今度のハロウィーンについて話していました。キャシーはカオリに「ハロウィーンのパーティーを開くの。来てね」と言いました。

1週間後にキャシーの家で、カオリはパーティーの部屋に入り、招待客の全員がカワイイファッションに身を包んでいることに驚きました。カオリだけが怪物の衣装を身に着けていたのです。キャシーはカオリに、お姫さまの衣装を貸すことを提案しました。

1時間後にパーティーの席で。カオリはお姫さまの服装に着替え、ほかの招待客たちと楽しく話しました。

ポイント 解答の作り方

吹き出しのせりふは直接話法で

漫画の吹き出し（balloon と言います）の中のせりふは、直接話法で伝えましょう。吹き出しの中の言葉を変化させる必要はありません。

Cathy said to Kaori, "We are going to have a Halloween party. Please come."とすれば直接話法です。間接話法だと Cathy told Kaori that they were going to have a Halloween party, and asked Kaori to come. のようになります。もちろん、これでも構いません。しかし、時制などを間違えてしまう可能性が高くなります。より簡単な直接話法を使いましょう。

矢印の言葉はそのまま引用

吹き出しのせりふと同じように、矢印の部分に書かれた言葉も、そのまま引用してください。

適切な時制で

　準2級では、A woman is riding a bicycle.（女性が自転車に乗っている）のようにイラストに描かれた状況を現在進行形で説明する課題が出されます。しかし、2級のイラスト問題では、出だしの文として指定されている英文が過去（進行）形で記述されているので、話す文の時制を過去にしてください。

Kaori <u>went</u> into the party room, and <u>was</u> surprised that all the guests <u>were wearing</u> kawaii fashion. Only Kaori <u>was wearing</u> a monster costume.
（カオリはパーティーの部屋に入り、招待客の全員がカワイイファッションに身を包んでいることに驚きました。カオリだけが怪物の衣装を身に着けていたのです）

イメージを膨らませる

　2コマ目のイメージを、上手に言葉にして伝えましょう。
Cathy offered to lend Kaori a princess costume.
（キャシーはカオリに、お姫さまの衣装を貸すことを提案しました）

　短い時間では、イラストが何を表現しているのかわからない場合があるでしょう。しかし、練習を繰り返して、慣れていきましょう。キャシーの頭には、クロゼットにある服を貸すというイメージがあります。ストーリー上、大事な場面です。想像力を働かせて全体の流れを作ってください。

起承転結を考える

　3コマとはいえ、起承転結を意識しましょう。キャシーに誘われる → パーティーに行って驚く → 服を借りて楽しく過ごす、という展開です。準備時間の20秒間で話の流れを完全に作り出すのは難しいかもしれませんが、できる限り、3コマ全部を見渡してストーリーを考えましょう。

　3コマ目は、カオリがパーティーで会話を楽しんでいるところです。
Kaori changed into the princess costume and enjoyed talking with the other guests.（カオリはお姫さまの服装に着替え、ほかの招待客たちと楽しく話しました）

　ほかに、Kaori changed into a kawaii fashion ... でもいいでしょう。

[Step 4] 質問３：意見を求める質問　Agree or Disagree

　４つの質問のうちの最後の２つは、皆さんの意見を問う問題です。イラストの描写問題が終わると、問題カードを裏返すように指示があります。Now, Mr./Ms. －, please turn over the card, and put it down.（それでは○○さん、カードを裏返して置いてください）という指示の後に、意見を問う問題が始まります。
　質問３は、ある意見に賛成するか、反対するかを問う問題です。解答はI agree.（賛成です）あるいはI disagree.（反対です）で始めます。

面接委員

No. 3. Some people say that TV commercials do not actually help consumers to decide which products they should buy. What do you think about that?（3番。テレビのコマーシャルは、実際には消費者がどの商品を買うかを決めるのに役立っていない、と言う人もいます。それについてどう思いますか）

解答例

I disagree. I often buy products after I see their commercials on TV. So, for me, TV commercials are helpful.（反対です。私はよく、テレビでコマーシャルを見てから商品を買います。ですから、私にとってはテレビコマーシャルは役に立ちます）

　賛成でも反対でも論理的（筋が通っている）であれば、問題ありません。同じ問いに対する賛成意見の例も見てみましょう。

解答例

I agree. My mother can't decide which product to buy because there are so many similar products on TV commercials. Thus, those TV commercials are not helpful.（賛成です。母は、どの商品を購入するか決められません。とても多くの類似商品がテレビで広告されているからです。したがって、そのようなテレビコマーシャルは役立ちません）

ポイント 解答の作り方
① 最初に立場をはっきりと
I agree. / I disagree. をはっきり言います。
② 理由を述べる
それほど長くなくてもかまいませんが、はっきりした理由を述べてください。
③ ②の理由に基づき結論を述べる
②の理由で賛成、あるいは反対します、ということを述べます。接続詞（副詞）をうまく使えるように練習してください。therefore、thus、for this reason などでいいでしょう。

[Step 5] 質問4：意見を求める質問　Yes or No

質問4は Yes か No かを問う問題です。質問されたら、最初に Yes. / No. を解答します。次に面接委員が Why? / Why not? と尋ね、解答を促しますので、理由を答えてください。

面接委員

No. 4. A lot of people listen to music players when they go to school or work. Do you think this is a good idea?（多くの人が、通学・通勤時に音楽プレーヤーを聞きます。これはよいことだと思いますか）

解答例

Yes. (－ Why?) I can enjoy listening to music on the train, and I can relax. Therefore, it is a good idea to listen to music on the way to work or school.（はい。[―なぜですか] 電車の中で音楽を楽しめ、リラックスできます。ですから、音楽を聞くのはよい考えだと思います）

答えは No でも、もちろんかまいません。次の解答例を見てください。

解答例

No. (－ Why not?) Although we can enjoy music, sometimes it is very dangerous if you listen to it while walking. Thus, it is not a good idea to listen to it on the way to work or school.（いいえ。[―なぜですか] 音楽を楽しめますが、ときどき、歩きながら聞くととても危険です。ですから、それを聞くのはよいことだとは思いません）

ポイント 解答の作り方

① **最初に立場をはっきりと**

　Yes. / No. をはっきり言います。

② **理由を述べる**

　はっきりした理由を述べてください。

③ **②の理由に基づき結論を述べる**

　理由に基づいて、そう思う、そう思わない、ということを述べます。

[Step 6] 練習問題

● 解答・解説 >>> 別冊 p.36

問題カードを使って、練習問題を2題解いてください。
解答時はポーズボタンを使用してください。また、自分の音読と解答は録音し、答え合わせの際に聞き直してください。

問題カード①

Active Seniors

People are living longer and healthier lives, thanks to new medical treatments and more balanced diets. Today, when we go to the gym, we can see a lot of senior citizens participating in exercise classes. By doing such activities regularly, they are maintaining active lifestyles and leading healthy lives. Now, the government is considering how active seniors could be useful in caring for other seniors who have difficulties in their daily lives.

Your story should begin with this sentence: **One day, Ayako was talking with her grandmother.**

①黙読　20秒間、問題カードのパッセージを黙読します。　CD 46

②音読　音読します。　CD 47

③質問1　30秒を目安に解答しましょう。　CD 48

④質問2　イラストを見て考える時間は20秒です。Please begin. の後、30秒〜1分を目安に解答しましょう。　CD 49

⑤質問3　30秒を目安に解答しましょう。　CD 50

⑥質問4　30秒を目安に解答しましょう。　CD 51

問題カード②

Clean Rivers

Japan experienced disastrous pollution in the 1960s and '70s. Rivers were black with pollutants, and there were no fish, or if there were, people couldn't eat them because they were polluted. However, people started to realize the importance of nature to our lives and restricted activities damaging to rivers. Citizens also organized volunteer activities to clean rivers. Now, people are eager to participate in such activities, and beautiful rivers have come back.

Your story should begin with this sentence: **One day, Kenji and Naomi were jogging along the river.**

Look, there is a lot of garbage on the riverfront.

The next day at school.

On Sunday at the river.

①黙読　20秒間、問題カードのパッセージを黙読します。　　CD 52

②音読　音読します。　　CD 53

③質問1　30秒を目安に解答しましょう。　　CD 54

④質問2　イラストを見て考える時間は20秒です。Please begin. の後、30秒〜1分を目安に解答しましょう。　　CD 55

⑤質問3　30秒を目安に解答しましょう。　　CD 56

⑥質問4　30秒を目安に解答しましょう。　　CD 57

Chapter **4**

模擬試験

模擬試験に挑戦しましょう。実際の試験と同じ問題数・問題形式で出題されます。制限時間は厳守してください。

● 一次試験　筆記 …… p.164
● 一次試験　リスニング …… p.177

模擬試験

筆記 85 分／リスニングテスト約 25 分

● 解答用紙 ≫ p.206　● 解答・解説 ≫ 別冊 p.42

一次試験　筆記

1 次の (1) から (20) の (　　) に入れるのに最も適切なものを **1**、**2**、**3**、**4** の中から一つ選び、その番号を解答用紙の所定欄にマークしなさい。

(1) Ted (　　) the cost of various travel plans before he decided to go to Fiji for a vacation.
　　1 adjusted　　**2** compared　　**3** bought　　**4** reserved

(2) The new museum reflects the artist's (　　) of life as a minimalist. Its lobby is equipped with a few simple wooden chairs.
　　1 trade　　**2** imitation　　**3** grief　　**4** concept

(3) *A:* Pardon me. Does this train go directly to the hospital?
　　B: No. You'll have to (　　) to the Urban Line at the third station.
　　1 transfer　　**2** translate　　**3** comprise　　**4** restrict

(4) If Susan confessed that she had miscalculated the project cost, it would seriously weaken her perceived (　　) to be company president.
　　1 emotion　　**2** effect　　**3** circumstance　　**4** suitability

(5) Because Japanese people are aware of the threat of natural disasters, they prepare (　　) food and water to last for at least three days.
　　1 slight　　**2** adequate　　**3** scarce　　**4** positive

(6) Robert invested $5,000 in the stock market and received $6,000 a month later. He (　　) $1,000 in a month.
　　1 gained　　**2** changed　　**3** restored　　**4** challenged

(7) Professor Johnson asked Catherine to organize books into four ( ): fiction, nonfiction, science, and art.
    1 factors   **2** rules   **3** categories   **4** components

(8) British and American artists ( ) a new genre of art, Pop Art. Among them, the leading figure was Andy Warhol who passed away in 1987.
    1 discarded   **2** blocked   **3** established   **4** allowed

(9) Typhoon 15 did ( ) to orchards. Farmers complained that the cleanup and replacement would cost them three billion yen.
    1 end   **2** need   **3** support   **4** damage

(10) *A:* Excuse me. I want to use my cash card, but the machine doesn't seem to be working. Is it out of order?
B: I'm sorry, sir. The system is ( ) unavailable. Please come back later this afternoon.
    1 temporarily   **2** formerly   **3** permanently   **4** fortunately

(11) *A:* Hi, Sally. Why weren't you at biology class?
B: I missed the train because my alarm didn't ( ) off.
    1 put   **2** take   **3** go   **4** hold

(12) Our college puts ( ) on creative and innovative entrepreneurship. It supports students to set up their own companies.
    1 education   **2** emphasis   **3** accessory   **4** friendship

(13) A lot of volunteers took ( ) in cleaning up the mess caused by Typhoon 23.
    1 up   **2** part   **3** help   **4** change

(14) Jessie studied hard to ( ) her parents' expectations. And she was finally accepted to medical school.
    1 get in touch with   **2** get rid of
    3 live up to   **4** make fun of

(15) Jason wore long sleeves so (　) to avoid being bitten by mosquitoes.
 1 far   **2** as   **3** forth   **4** long

(16) I was playing the video game last night, and all of (　) the electricity went off.
 1 a surprise   **2** an expectation
 3 a case   **4** a sudden

(17) Kaori was about to give birth to her first baby. Her husband was so anxious that he went (　) in front of the delivery room.
 1 up and down   **2** right and left
 3 back and forth   **4** front and rear

(18) Upon (　) of the plan, we will be able to construct a new stadium.
 1 approve   **2** approving   **3** approval   **4** will approve

(19) Grace wanted a novel from the library, but she had to go to the town council. So, she got her mother (　) the novel for her.
 1 borrowing   **2** borrow   **3** borrowed   **4** to borrow

(20) *A:* Ellen, how much did you spend on that vacuum cleaner?
 B: It's a new model and cost $800.
 A: With that money, you (　) a refrigerator.
 1 will buy   **2** are going to buy
 3 could buy   **4** could have bought

Chapter 3　実践力を高めよう！　≫ Step Up リスニング

> *M:* What do you think of our new website? Now, we have an online shopping page, online support system and company history.
> *W:* It's really good. But I think we should put more focus on new product information.
> *Q:* What does the woman suggest?

> 訳
> **男性**：うちの新しいウェブサイトをどう思う？　今や、オンライン・ショッピング・サイト、オンライン・システム、それに、社史のページもそろってるよ。
> **女性**：とてもいいわ。でも、もっと新製品情報に的を絞ったほうがいいと思う。

設問・選択肢の訳▶女性は何を提案していますか。

1 以前のウェブサイトのほうがよかった。

2 このウェブサイトには、さらに改善が求められる。

解説　女性は、新しいウェブサイトがよいと言っています。それでも、But I think we should put more focus on new product information.（でも、もっと新製品情報に的を絞ったほうがいいと思う）と言っています。**2** の「さらに改善が求められる」が正解です。古いもののほうがよいとは言っていません。

Step 3　練習問題

No. 1　**4**

> Ron is an athlete at university. His coach tells him to jog 10 kilometers every day. One day in the evening when he was jogging along a downtown street, he heard a police car siren. Suddenly, three police officers approached him and asked him to get into the police car for questioning. He didn't know why they wanted to question him. After he got in the rear seat of the police car, they told him there had been a robbery at a jewelry store.
> *Q:* Why was Ron asked to get into the police car?

> 訳
> ロンは大学のスポーツ選手です。コーチが彼に、毎日10キロメートル、ジョギングするように言っています。ある晩、彼が繁華街の道をジョギングしていると、警察車両のサイレンが聞こえました。突然、3人の警察官が彼に近づき、事情聴取のために警察車両に乗るよう求めました。彼はなぜ彼らが事情を聴きたいのかわかりませんでした。警察車両の後部座席に収まった後、警察官らは彼に宝石店で強盗があったことを告げました。

設問・選択肢の訳▶なぜロンは警察車両に乗るよう求められたのですか。

1 彼のジョギングで交通渋滞が起きた。

2 彼は警察官たちに走り方を教えていた。

3 彼は財布を盗まれた。

4 彼は強盗の疑いで事情を聴かれた。

解説 2つのキーセンテンスがあります。Suddenly, three police officers approached him and asked him to get into the police car for questioning.（突然、3人の警察官が彼に近づき、事情聴取のために警察車両に乗るよう求めました）と … they told him there had been a robbery at a jewelry store.（警察官らは彼に宝石店で強盗があったことを告げました）から **4** が正解だとわかります。

No. 2　**3**

A phobia is a fear of a specific object or situation. For example, you may fear dogs because you had a scary experience with a dog when you were a child. However, when you grow up, you will probably become aware that dogs are not usually dangerous, and the phobia may disappear. Nevertheless, sometimes the phobia can continue — for example, if you especially try to avoid encountering dogs and keep yourself away from them.
Q: What should be done to get rid of a fear of dogs?

訳
恐怖症とは、特定の物や状況を恐れることです。例えば、犬を怖がる人は、子どものころに犬にまつわる恐ろしい体験をした可能性があります。しかし、人は大人になると、たいていは、犬がふだんは危険ではないことに気づき、恐怖症は消え去るものです。とはいえ、時には恐怖症が継続する可能性もあります ── 例えば、犬と触れ合うことをことさらに避けようとしたり、常に犬に近づかないようにしていたりする場合です。

設問・選択肢の訳▶犬に対する恐怖を取り除くにはどうすればいいですか。
1 犬を怖がらせるといい。
2 犬を訓練するといい。
3 犬と頻繁に触れ合うといい。
4 犬に近づかないようにするといい。

解説 トークの最後の … if you especially try to avoid encountering dogs and keep yourself away from them.（犬と触れ合うことをことさらに避けようとしたり、常に犬に近づかないようにしていたりする場合）がキーです。この状態だと恐怖が続きます。この状態の逆を行う、つまり、積極的に犬と触れ合うことが大事だとわかります。**3** が正解です。**4** は、恐怖症を継続させることにつながります。

No. 3　**1**

Nolan graduated from a university in the U.S. After graduation, he joined a communications company as a researcher. The company reduced its research and development budget, and so Nolan decided to establish his own research company. After 10 years, his company has grown and it now employs more than 50 researchers.
Q: Why did Nolan set up a company?

Chapter 3 実践力を高めよう！　≫ Step Up リスニング

> 訳
> ノランは米国の大学を卒業しました。卒業後、彼は通信会社に研究員として就職しました。会社が研究開発費を削減したので、ノランは自分の研究会社を設立することに決めました。10年後、彼の会社は成長し、今では50人以上の研究員を雇うまでになっています。

設問・選択肢の訳▶なぜノランは会社を設立しましたか。

1 彼が前に勤めた会社が研究開発費を削減した。

2 彼は新製品を作りたかった。

3 彼は前に勤めた会社を解雇された。

4 彼は通信会社を設立したかった。

解説 ノランが会社を設立した理由は、トーク中で次のように述べられています。The company reduced its research and development budget, and so Nolan decided to establish his own research company.（会社が研究開発費を削減したので、ノランは自分の研究会社を設立することに決めました）です。**1** が正解です。ここを聞き逃したり、あるいは聞き間違えたりすると、**3** の「解雇された」を選択する可能性があります。

No. 4　**3**

> In the United States, universities are very expensive. For example, the tuition for a Yale University college student is more than $45,000 a year. Therefore, many students take out loans to cover the cost. No matter how diligently students study, they have to repay a lot of money after they graduate. Now, student loans have become a social problem. Students are asking politicians for help. At the same time, they want state universities to lower their fees.
> *Q:* What kind of trouble do students have in attending university?

> 訳
> 米国では、大学の学費が非常に高額です。例えば、イェール大学の学部生の授業料は年間4万5000ドル以上です。そのため、多くの学生は貸付金でその費用を賄っています。学生たちは、どれほど一生懸命に勉強しても、卒業後に多額のお金を返済しなければならないのです。今、学生ローンが社会問題となっています。学生たちは政治家に助けを求めています。同時に、彼らは各州立大学に学費の引き下げを要求しています。

設問・選択肢の訳▶学生たちは大学に通うに際してどのような問題を抱えていますか。

1 十分な数の大学がない。

2 彼らは一生懸命に勉強しない。

3 大学が多額の費用を請求する。

4 州立大学が閉鎖されることになっている。

解説 このトークでは tuition（学費）が高いことが問題になっています。$ (dollars)、fee、loan、money、repay、tuition といった、お金に関する単語がいくつも出ている

ことからもわかると思います。**3** が正解です。

No. 5 **3**

> Hi, thrift shoppers! You can save $5 if you buy $20 worth of groceries or more. Rainbow Superstore is celebrating its 10th anniversary this week. Together with this incredible discount, you can get a further 10 percent discount on your purchases. Just visit our website or sign up at the customer counter for the "Great Buyer" discount card. The card is valid for five weeks from today. Don't miss this opportunity. Thank you for shopping at Rainbow Superstore!
> *Q:* How can shoppers get a $5-discount?

> 訳
> こんにちは、倹約家のお客さま方！　食料品・雑貨を 20 ドル分以上購入いただくと、5 ドルお得になります。レインボー・スーパーストアでは、今週、開店 10 周年記念セールを実施中です。この信じられない値引きとともに、ご購入品をさらに 10 パーセント割引いたします。当店のウェブサイトかお客さまカウンターで、「グレート・バイヤー」割引カードをお申し込みください。カードはきょうから 5 週間有効です。この機会をお見逃しなく。レインボー・スーパーストアへご来店いただきまして、ありがとうございます！

設問・選択肢の訳▶ どうやって買い物客は 5 ドルの値引きを受けられますか。
1 ウェブサイトにアクセスするか、店のカードに登録することで。
2 店長に依頼することで。
3 20 ドル分以上を購入することで。
4 5 週間後に再び来店することで。

解説　前半で You can save $5 if you buy $20 worth of groceries or more.（食料品・雑貨を 20 ドル分以上購入いただくと、5 ドルお得になります）と言っていますので、**3** が正解です。この後は、「グレート・バイヤー」割引カードの話が中心になっています。そのため、初めのほうで集中して聞いていないと、**1** を選択する可能性が高くなります。一文も聞き逃してはいけません。

Step 5　ミニ練習問題

①
W: Would you mind taking me to the ice rink?
　（スケート場に連れて行ってくれない？）
M: OK. How about next Sunday?（いいよ、今度の日曜日はどう？）
W: Fine with me.（いいわよ）
　　By the way, do you have ice skates?（ところで、スケート靴は持っているの？）
M: No, but I can borrow some from my brother.（いや、でも兄から借りられるよ）

②

M: Mary, have you finished the math assignment?
　（メアリー、数学の宿題は終わった？）
W: Not yet, Jeff.（まだよ、ジェフ）
　Have you?（あなたは終わったの？）
M: I can't prove the formula we studied.（勉強した公式を証明できないんだ）
W: Why don't we get together and do it after class?
　（授業の後に一緒にやらない？）
M: Sure thing.（いいね）
　How about 4 o'clock at the library?（図書館で4時にどう？）
W: That's perfect.（それでいいわよ）
　See you then.（じゃあね）

≪≪ 本冊 161 ページ

Chapter 3　Step Up 面接

Step 6　練習問題

問題カード①

> ①黙読
>   Please read the passage silently for 20 seconds.（パッセージを 20 秒間、黙読してください）
> ②音読
>   All right, now please read it aloud.（それでは、それを音読してください）

音読の区切り目の例　　　　　　　　　　　　　　　　　　　　　　　　　　　CD 58

Active Seniors

People are living longer / and healthier lives, / thanks to new medical treatments / and more balanced diets. / Today, / when we go to the gym, / we can see / a lot of senior citizens / participating in exercise classes. / By doing such activities regularly, / they are maintaining active lifestyles / and leading healthy lives. / Now, / the government is considering / how active seniors could be useful / in caring for other seniors / who have difficulties / in their daily lives.

訳

活動的な高齢者

人々は、新しい医療やよりバランスの取れた食事のおかげで、いっそうの長寿とより健康な生活を享受しています。今日では、ジムに行けば、多くの高齢者が運動プログラムに参加しているのを目にします。そうした活動を定期的に行うことによって、高齢者は活動的なライフスタイルを維持し、健康的な生活を送っているのです。現在、政府は、どうすれば活動的な高齢者たちが、日常生活に問題を抱えるほかの高齢者たちのケアに貢献できるかを検討しています。

> ③質問 1
>   Now, I will ask you four questions.（では、4 つ質問をします）
>   No. 1. According to the passage, how do senior citizens maintain active lives?
>   （1 番。このパッセージによれば、高齢者たちはどのようにして活動的な生活を維持していますか）

解答例▶　　　　　　　　　　　　　　　　　　　　　　　　　　　　　　　CD 59

They participate in exercise classes regularly.
（彼らは運動プログラムに定期的に参加しています）

解説　第 3 文 By doing such activities regularly, they are maintaining an active lifestyle and leading a healthy life.（そうした活動を定期的に行うことによって、高齢者は活動的なライフスタイルを維持し、健康的な生活を送っているのです）が解答のポイントです。such activities を具体的な言葉に言い換えましょう。

④質問2

No. 2. Now, please look at the picture and describe the situation. You have 20 seconds to prepare. Your story should begin with the sentence on the card.
(2番。絵を見て、その状況を説明してください。20秒間の準備時間があります。カードに書かれたセンテンスで話を始めなくてはいけません)
Please begin.（それでは、始めてください）

解答例▶　　　　　　　　　　　　　　　　　　　　　　　　　　◎ **CD 60**

One day, Ayako was talking with her grandmother. Ayako said, "I want to learn how to perform a folk dance."
The next day, they took a dance class at the gym.
A month later at the gym, Ayako was surprised to see her grandmother dancing hip-hop with young people.

訳

ある日、アヤコは祖母と話をしていました。アヤコは「フォークダンスの踊り方を習いたいのです」と言いました。
翌日、2人はジムのダンスのクラスに参加しました。
1カ月後にジムで、アヤコは祖母が若い人たちとヒップホップを踊っているのを見て驚きました。

解説　1コマ目と2コマ目の難易度は低いと思います。3コマ目について Ayako was surprised …（アヤコは驚いた）という感情表現が使えると、イラストの理解力と表現力が高いと言えます。

⑤質問3

Now, please turn over the card, and put it down.（それでは、カードを裏返して置いてください）

No. 3. Some people say that the air conditioning is too strong on trains and buses in Japan during the summer. What do you think about that? (3番。日本の電車やバスでは、夏場にエアコンが強すぎると言う人たちがいます。それについてどう思いますか)

解答例（賛成）▶　　　　　　　　　　　　　　　　　　　　　◎ **CD 61**

I agree. I've heard a lot of people say it's too cold on the train in summer. So, we can say they use much more air conditioning than is needed.
(賛成です。多くの人が夏場の電車内は冷えすぎていると言うのを聞きます。ですから、

必要以上にエアコンを使っていると言えます）

解答例（反対）▶

I disagree. I know a lot of people who are satisfied with the level of air conditioning on the train in summer. If you don't want to feel cool, you can always go into one of the train cars with lighter air conditioning.
（反対です。私は夏場の電車内のエアコンのレベルに満足している人がたくさんいることを知っています。強い冷房が嫌なら、いつでも弱冷房車に乗ればいいのです）

解説 Some people に対して I've heard a lot of people ... や I know a lot of people ... と始めることにより、この設問に対して、より客観的に解答をしています。

---

⑥**質問 4**
No. 4. Comics have been very popular in Japan for a long time. Do you think reading comic books is a waste of time?（4番。漫画は長い間、日本でとても人気があります。漫画を読むことが時間の無駄だと思いますか）

解答例（Yes）▶ ◎ CD 62

Yes.（―Why?）You can't get as much information from comic books as you can from other books. Therefore, it is a waste of time to read comic books.（はい。［―なぜですか］漫画本からは、ほかの本からほど多くの情報を得ることができません。ですから、漫画本を読むのは時間の無駄です）

解答例（No）▶

No.（―Why not?）I can relax when I read comic books. And I like the romantic stories that some comic books have. Therefore, reading comic books is a good thing.（いいえ。［―なぜですか］漫画本を読むとリラックスできます。そして、ある種の漫画にある空想的な話が好きです。ですから、漫画本を読むのはよいことです）

解説 a waste of time（時間の無駄）という強い言葉に対しての解答で戸惑うかもしれませんが、解答例はしっかりと理由付けをしています。

問題カード②

①**黙読**
Please read the passage silently for 20 seconds.（パッセージを20秒間、黙読してください）
②**音読**
All right, now please read it aloud.（それでは、それを音読してください）

音読の区切り目の例　　　　　　　　　　　　　　　　　　　　◎ CD 63

Clean Rivers

Japan experienced disastrous pollution / in the 1960s and '70s. / Rivers were black with pollutants, / and there were no fish, / or if there were, / people couldn't eat them / because they were polluted. / However, / people started to realize / the importance of nature to our lives / and restricted / activities damaging to rivers. / Citizens also organized / volunteer activities / to clean rivers. / Now, / people are eager to participate / in such activities, / and beautiful rivers have come back.

訳

きれいな河川

日本は 1960 年代と 1970 年代に、ひどい環境汚染を経験しました。河川は汚染で黒く汚れ、魚がすむ場所ではありませんでした。魚がいても、食用にはできませんでした。汚染されていたからです。しかし、人々は自然が私たちの生活に重要だということを理解し始め、そして、河川に損害を与えるような活動を制限しました。市民らはまた、河川をきれいにするボランティア活動を組織しました。現在、人々はそうした活動に積極的に参加して、きれいな河川が戻ってきました。

③質問 1
Now, I will ask you four questions.（では、4つ質問をします）
No. 1. According to the passage, how can people restore rivers to a beautiful state?
（1番。このパッセージによれば、どうすれば人々は河川を美しい状態に戻せるのですか）

解答例▶　　　　　　　　　　　　　　　　　　　　　　　　　　　　CD 64

They can participate in volunteer activities to clean rivers.
（人々はボランティア活動に参加して河川を清掃できます）

解説　解答になりそうなところが 2 カ所あります。河川の清掃と、河川に損害を与える行動の制限です。いずれを使っても、正しい解答になります。解答中で、such activities が「清掃活動」を表していることを明確にする必要があります。

④質問 2
No. 2. Now, please look at the picture and describe the situation. You have 20 seconds to prepare. Your story should begin with the sentence on the card.
（2番。絵を見て、その状況を説明してください。20秒間の準備時間があります。カードに書かれたセンテンスで話を始めなくてはいけません）
Please begin.（それでは、始めてください）

解答例▶　　　　　　　　　　　　　　　　　　　　　　　　　　　　CD 65

One day, Kenji and Naomi were jogging along the river. Kenji said, "Look, there is a lot of garbage on the riverfront."
The next day at school, Kenji and Naomi asked their classmates to help them clean the river.
On Sunday at the river, Kenji, Naomi, and their classmates gathered to clean the

river. Naomi thought that it would be nice to have a barbecue after the cleaning.

訳

ある日、ケンジとナオミは川沿いをジョギングしていました。ケンジが「見て、河原にたくさんのごみがあるよ」と言いました。

翌日、学校で、ケンジとナオミはクラスメートたちに川の清掃を手伝ってくれるよう頼みました。

日曜日に川で、ケンジとナオミとクラスメートたちが集まって川の清掃をしました。ナオミは、掃除の後でバーベキューをするといいだろうな、と思いました。

解説 [2コマ目] クラスへの提言をしたということで、Kenji and Naomi asked their classmates to help them clean the river.（ケンジとナオミはクラスメートたちに川の清掃を手伝ってくれるよう頼みました）のように言いましょう。

[3コマ目] ナオミの考えをくみ取り、Naomi thought that it would be nice to have a barbecue after the cleaning.（ナオミは、掃除の後でバーベキューパーティーをするといいだろうな、と思いました）のように言いましょう。

⑤質問3

Now, please turn over the card, and put it down.（それでは、カードを裏返して置いてください）

No. 3. Some people say group tours are better than traveling alone. What do you think about that?（3番。グループツアーのほうが1人で旅行するよりもいいと言う人たちがいます。それについてどう思いますか）

解答例（賛成）▶ 　　　　　　　　　　　　　　　　　　　　CD 66

I agree. You can talk with a lot of people while you are traveling and have fun with them. So, I think group tours are better.（賛成です。旅行中に多くの人と話をでき、そして、彼らと一緒に楽しめます。だから、グループ旅行のほうがいいと思います）

解答例（反対）▶ 　　　　　　　　　　　　　　　　　　　　CD 66

I disagree. I want to travel alone in the future. I want to find nice things by myself. Therefore, I don't think it would be better to go on a group tour.（反対です。将来1人で旅行をしたいと思っています。独力で素晴らしいことを発見したいと思うのです。そのため、グループ旅行のほうがいいとは思いません）

解説 練習問題1のNo.3では、解答にpeopleという単語を使って、客観性を出していました。この設問では、皆さんの気持ちを伝えてください。グループでも一人旅でも好きなほうを述べればいいのです。

Chapter 3 実践力を高めよう！ ≫ Step Up 面接

> ⑥ **質問 4**
> No. 4. Currently, many schools give their students time to do volunteer activities. Do you think schools should provide time to do such activities? (4番。現在、多くの学校が生徒にボランティア活動を行う時間を与えています。学校がそうした活動を行う時間を設けるべきだと思いますか)

解答例（Yes）▶　　　　　　　　　　　　　　　　　　　　　　　CD **67**

Yes. (—Why?) School is not only a place to learn academic subjects, but also a place to learn about society. Therefore, it is important for students to be involved in volunteer activities.

(はい。[―なぜですか] 学校は教科を学習するだけの場所ではなく、社会について学ぶ場でもあります。ですから、生徒たちがボランティア活動に参加するのは大事です)

解答例（No）▶

No. (—Why not?) Volunteer activities are so called because people do the activities voluntarily. Those activities aren't something that should be forced by someone else. Therefore, schools shouldn't provide their students with time for volunteer activities.

(いいえ。[―なぜですか] ボランティア活動は、人々が自発的に行うから、そのように呼ばれているのです。そうした活動は、ほかの人から強要されて行うものではありません。そのため、学校は生徒にボランティア活動の時間を提供すべきではありません)

解説　「No」の解答はボランティア活動を否定しているのではありません。その意義を考えるうえでよい内容です。

≪ 本冊 164 ページ

Chapter 4　模擬試験

目標正解数（正解率 70%）
リーディング：27 問
リスニング：21 問
＊実際のスコアは CSE によって算出されるため、合格に必要な正解数は確定できません。これは学習目標です。

一次試験　筆記

1

(1)　正解：2

訳　テッドは、さまざまな旅行プランの費用を比較したうえで、休暇にはフィジーへ行くことに決めました。
選択肢の訳▶ 1 調整した　**2** 比較した　**3** 買った　**4** 予約した
解説　単語問題。various travel plans（さまざまな旅行プラン）の「費用をどうした」という文になるか、という問題です。費用ですから、**3** の「買った」、**4** の「予約した」は使えません。**1** の adjusted（調整した）も不適当です。Ted が行き先を決める前に複数の旅行プランの費用を「調整した」ということは考えられません。**2** の compared（比較した）が正解です。

(2)　正解：4

訳　その新しい美術館は、ミニマリストとしての生活という芸術家のコンセプトを反映しています。ロビーには飾り気のない木製の椅子が数脚、備えられています。
選択肢の訳▶ 1 取引　**2** 模倣　**3** 悲嘆　**4** 概念
解説　単語問題。concept は日本語になっています。第 1 文の reflect（反映する）がキーワードです。**1** の「取引」、**2** の「模倣」は使えません。**3** の grief（悲嘆）は、第 2 文で述べられている「美術館のロビーの簡素さ」と一致しません。正解は **4** の concept（概念）です。

(3)　正解：1

訳　A：すみません。この電車はまっすぐに病院へ行きますか。

B：いいえ。3つ目の駅でアーバン線に乗り換えなければなりません。

選択肢の訳▶ 1 乗り換える　**2** 翻訳する　**3** 包含する　**4** 制限する

解説 単語問題。to the Urban Line（アーバン線へ）につながるのは、**1** の transfer（乗り換える）しか考えられません。なお、transfer には、ほかにも「転勤する（させる）」などの意味があります。

(4) 正解：4

訳 もしスーザンがプロジェクトの費用を誤って算出してしまったことを認めたら、社長としての適性が判断されるに当たり、極めて不利になるでしょう。

選択肢の訳▶ 1 感情　**2** 効果　**3** 環境　**4** 適性

解説 単語問題。she had miscalculated（計算を間違えた）というところがポイントです。「ミスを犯した人は社長としての○○○を疑われる」という内容の文です。**1** の emotion（感情）、**2** の effect（効果）は使えません。**3** の circumstance（環境）よりも **4** の suitability（適性）が適切です。

(5) 正解：2

訳 日本人は自然災害の脅威をわかっているので、少なくとも3日間は持たせられるだけの食料と水を用意しています。

選択肢の訳▶ 1 わずかな　**2** 十分な　**3** 乏しい　**4** 前向きな

解説 単語問題。**1** の slight（わずかな）と **3** の scarce（乏しい）は、「準備する」とのつながりという意味で適切でありません。**4** の positive（前向きな）は food と結びついても意味を成しません。「3日間持たせるのに十分な食料」となる **2** の adequate が正解です。

(6) 正解：1

訳 ロバートは株式市場に5,000ドル投資し、1カ月後に6,000ドルを手にしました。1カ月で1,000ドルもうけたわけです。

選択肢の訳▶ 1 稼いだ　**2** 変えた　**3** 修復した　**4** 挑んだ

解説 単語問題。1カ月で1,000ドル増えたのです。**1** の gained（稼いだ）が正解です。

(7) 正解：3

訳 ジョンソン教授はキャサリンに頼み、本をフィクション、ノンフィクション、科学、芸術の4分野に整理してもらった。

選択肢の訳▶ 1 要因　**2** 規則　**3** 分野　**4** 部品

解説 単語問題。空欄の後の fiction, nonfiction ... という記述から「分野」が説明さ

れていることがわかります。**3** の categories（分野）が正解です。

(8) 正解：3

訳　英米の芸術家たちが、ポップアートという新たな芸術ジャンルを確立しました。その中心人物だったアンディ・ウォーホルは、1987年に死去しました。

選択肢の訳▶ **1** 捨てた　**2** 阻止した　**3** 確立した　**4** 許した

解説　単語問題。a new genre of art（新しい芸術のジャンル）をどうしたのか、という問題です。**1** の discarded（捨てた）、**2** の blocked（阻止した）は、第2文の leading figure（中心人物）という言葉に対応しません。leading は「一流の、優れた」という意味合いを持ちます。選択肢の中では **3** の established（確立した）が最適です。

(9) 正解：4

訳　台風15号が果樹園に損害を与えました。農業従事者らの訴えでは、撤去や交換にかかる費用の額は30億円に上るだろうとのことでした。

選択肢の訳▶ **1** 終了　**2** 必要　**3** 支援　**4** 損害

解説　単語問題。do damage の形で「損害を与える」だと覚えてください。**4** が正解です。

(10) 正解：1

訳　A：すみません。キャッシュカードを使いたいんですが、機械が動かないようです。壊れているんでしょうか。
　　B：申し訳ございません。システムが一時的に使えなくなっています。後ほど午後にもう一度いらっしゃってください。

選択肢の訳▶ **1** 一時的に　**2** 以前は　**3** 恒常的に　**4** 運よく

解説　単語問題。Bの第3文 Please come back later this afternoon.（後ほど午後にもう一度いらっしゃってください）から、現在は機械が使用不能とわかります。**1** の temporarily（一時的に）が正解です。

(11) 正解：3

訳　A：やあ、サリー。なんで生物の授業に出なかったの？
　　B：電車に乗り遅れちゃって。目覚ましが鳴らなかったのよ。

選択肢の訳▶（それぞれ off と結びついて）**1** 延期する　**2** 離陸する　**3** 鳴る　**4** 見合わせる

解説　熟語問題。go off は「（目覚まし時計などが）鳴る」という意味ですから **3** が正解です。ほかにも「爆発する」などの意味があります。なお、ほかの選択肢も off と結びついて熟語を作るので、覚えましょう。

(12) 正解：2

訳 本学は創造的かつ革新的な起業家精神の養成に力を入れています。学生が自分の会社を立ち上げる支援を行っています。

選択肢の訳▶ 1 教育　**2** 強調　**3** 装飾品　**4** 友情

解説 熟語問題。creative and innovative entrepreneurship に何をどうするのか、という問題です。「重きを置く」ということが推測できたと思います。put emphasis on ～は「～を強調する」という熟語です。覚えましょう。

(13) 正解：2

訳 大勢のボランティアが、台風23号によるがれきの撤去作業に参加しました。

選択肢の訳▶ ※省略

解説 熟語問題。take part in ～で「～に参加する」という意味です。**2** が正解です。

(14) 正解：3

訳 ジェシーは、両親の期待に応えるために懸命に勉強しました。そして、ついに医大に入学したのです。

選択肢の訳▶ 1 ～と連絡を取る　**2** ～を取り除く　**3** ～に応える　**4** ～をからかう

解説 熟語問題。「一生懸命に勉強した」ことと、第2文に「医大に入学した」とあることから、ジェシーが両親の期待に「応えた」ことがわかります。ほかの選択肢の熟語も大事ですから、覚えましょう。

(15) 正解：2

訳 ジェーソンは、蚊に刺されないように長袖の服を身に着けていました。

選択肢の訳▶ ※省略

解説 熟語問題。so as to ～は「～するために、～となるように」という意味です。**2** が正解です。

(16) 正解：4

訳 ゆうべテレビゲームで遊んでいたら、突然、停電してしまいました。

選択肢の訳▶ ※省略

解説 熟語問題。all of a sudden は「突然」という意味です。**4** が正解です。

(17) 正解：3

訳 カオリは初めての子どもの出産目前でした。夫はあまりにも心配して、分娩室の前を行ったり来たりしました。

選択肢の訳▶ **1** 上下に　**2** 左右に　**3** 行ったり来たり　**4** 後先に

解説 熟語問題。「うろうろと、行ったり来たり」という意味合いの言葉が空欄に入ることはわかったと思います。**3** の back and forth が正解です。

(18) 正解：3

訳 計画が承認されれば、新しい競技場を建設できるでしょう。

選択肢の訳▶※省略

解説 文法問題。前置詞 upon に続くのは通常は名詞や、動名詞などの名詞相当語句です。**3** が正解です。なお、**2** の approving は動名詞と見なすことも可能ですが、これを用いる場合には空欄直後の of を削除しなければなりません。

(19) 正解：4

訳 グレースは図書館で小説を借りたかったのですが、町議会に出なければなりませんでした。そこで、代わりに母親に小説を借りてもらいました。

選択肢の訳▶※省略

解説 文法問題。get は「get＋目的語＋to 不定詞」の形を取ります。Chapter 3 の「Step Up 大問 1 Step 2　動詞の攻略」（本冊 p.51）で使役動詞の説明をしているので、参照してください。

(20) 正解：4

訳 A：エレン、あの掃除機はいくらだったの？
　　B：新製品だから 800 ドルだったわ。
　　A：その値段なら、冷蔵庫を買えたね。

選択肢の訳▶ **1** 買うだろう　　　　　　**2** 買う予定だ
　　　　　　3（その気になれば）買える　**4**（その気になれば）買えた

解説 文法問題。仮定法過去完了になります。すでにお金を払って購入しているのですから、過去に起こった事柄に対応させて過去完了形の **4** を選んでください。

2 [A]

訳

エッフェル塔

　19 世紀に入る前、高層建築物はほとんど存在せず、あっても普通は石のような天然素材で造られていました。石は、かなりの重量を支えることができました。加えて、石は経年と過酷な環境の両方に耐えられるので、ほかの材料に比べて城郭やピラミッドに利用しやすいものでした。

　19 世紀になって技師らが技術開発を進め、より先進的な人工素材を使うようになると、はるかに高い建築物が建てられるようになりました。錬鉄のような材料は風雨に耐えられるばかりか、何トンもの重量を支えることができました。さらに、技師たちの知識も増え、構造重量を建築物全体にうまく

分散させられるようになりました。これはつまり、より高い建築物を、極端に重くせずに建てられることを意味していました。19世紀後半にエッフェル塔の建設が可能になったのも、ひとえにこうした技術革新があったからなのです。

　1889年のパリ万博までに開業するという計画の下、エッフェル塔は、パドル錬鉄という高純度ながら非常に強く軽量の材料を使って建てられました。この材料によって、建築技師らは、それ自体の重量によって倒壊することのない建築物を造ることができたのです。自重倒壊は、付近の住民たちが大変恐れたことで、少なくとも1人の数学者が必ず起こるだろうと予想していました。

　また、パドル錬鉄によって塔に柔軟性が生まれ、風を受けてたわむことが可能になりました。エッフェル塔は、かつても今も、極端な強風時には入場できません。しかし、これは念のための警戒措置に過ぎません。実のところ、この塔は、これまで記録された強風の5倍の強さの風に十分耐えられるだけの強度を備えているのです。

　成功裏に完成したエッフェル塔は、予定どおりに、しかも予算内で開業にこぎつけて —— 加えて建設工事中の死者をたった1名に抑えられたこともあり —— パリ中の、ひいては世界中の支持を獲得しました。塔は、それまで造られた「機能的芸術作品」の中で最も印象的なものの一つとなったのです。しかし、さらに重要なのは、エッフェル塔の成功によって、超高層建築物を建てる人間の能力が立証されたということです。この結果として、今日の社会で、今や文字どおり雲に届く高さの摩天楼や塔の安全性と機能性が、信頼を持って受け入れられているのです。

(21) 正解：2

選択肢の訳▶

1 管理するのにはるかにお金がかかる
2 城郭やピラミッドへの利用に適した
3 仮設住宅向けに魅力のある
4 古代の武器として理想的な

解説　第1パラグラフ第1文で、19世紀まで高い建物は珍しかったことがわかります。あったとしても石造りだと述べられています。第3文では … stone could endure both time and harsh environments（石は経年と過酷な環境の両方に耐えられる）と述べられています。そのため、**3**の仮設住宅に関する記述は選択できません。また、建築物の話ですから**4**の武器の記述も選択できません。**1**の管理に関しては述べられていません。しかし、**2**の城やピラミッドについての記述は、挿入箇所の後ろ、… compared to other materials.（ほかの材料に比べて）という部分にピタリとつながります。**2**が正解です。

(22) 正解：3

選択肢の訳▶

1 これはほとんど神話だ
2 人がなぜかを理解できる
3 それは念のための警戒措置にすぎない
4 目標は依然として同じだ

解説 空欄に続き ... the tower is in fact strong enough to withstand winds five times stronger than any ever recorded.（この塔は、これまで記録された強風の5倍の強さの風に十分耐えられるだけの強度を備えているのです）と述べられています。ですから、前文の「塔は風が強いときには閉鎖される」との関わりで考えると、「本当は閉鎖する必要はないのだけれど」という含みが読み取れます。**3** の for basic caution（念のための警戒措置）が正解となります。大問2には、このレベルの読解力を要求する問題があります。難問ですが、時間をかけすぎないように気をつけましょう。

(23) 正解：1

選択肢の訳▶
1 人間の能力の証明としての役割を果たした
2 投資家たちに忠告を再考するよう説得した
3 それが不可能だという考えを裏付けた
4 古い技術が廃れた理由を示した

解説 最終文が大事です。ニューヨークなどにある高層ビルを skyscraper（摩天楼）と言います。エッフェル塔のおかげで、それらが今日の社会に受け入れられている、という文意です。空欄を含む直前の文では、高層ビルが社会的に受け入れられる前提が示されています。選択肢の **3** では、impossible（不可能）が間違いです。**4** は、エッフェル塔が古い技術で作られたわけではないので間違いです。**2** については advice（忠告）が何を指しているかわかりませんから、選択できません。**1** が正解です。

2 [B]

訳

牛乳の低温殺菌

　19世紀に、ルイ・パスツールは牛乳を細菌による汚染から守る技術を開発しました。彼が研究から学んだのは、熱が細菌を殺し、安全に牛乳を飲めるようになるということでした。加熱は過度に、あるいは長時間行ってはならず、それをすると簡単に水分が蒸発してしまいます。セ氏72度程度の温度で15秒間加熱すると、細菌の一部は死滅しますが、牛乳が凝固したり「酸味」を持ったりすることはありません。温度をセ氏140度まで上げて4秒間加熱すると、細菌はほぼ完全に死滅し、殺菌状態に至ります。これで、冷たい場所でなくても牛乳を保存できるようになります。

　この旧来の殺菌方法には、依然として効果がある一方で、限界もあります。まず、この方法だと牛乳全体を均等に加熱できません。熱源に最も近い部分の牛乳が早く熱せられ、熱源から遠い部分の加熱速度が遅くなります。そのため、一定量の牛乳を加熱するのに、ある程度の時間を要します。その分量全体の加熱に必要な時間をかけている間に、牛乳の一部が熱で蒸発してしまいます。これはつまり、牛乳を完全に殺菌するためにはかなりの時間とエネルギーを要するので、牛乳の一部が熱損傷によって失われてしまうということです。

　容積マイクロ波加熱という、新しい牛乳殺菌技術があります。じか火など従来の表面加熱法の代わりに、マイクロ波が使われます。一般的な電子レンジを使う場合と同様に、マイクロ波は牛乳の中に

2

次の英文 [A]、[B] を読み、その文意に沿って (21) から (26) までの (　) に入れるのに最も適切なものを **1**、**2**、**3**、**4** から1つ選び、その番号を解答用紙の所定欄にマークしなさい。

[A]

Eiffel Tower

Prior to the 19th century, tall structures were a rarity*, and those that did exist were commonly made of natural materials such as stone. Stone could support great amounts of weight. In addition, stone could endure both time and harsh environments in a way that made it (　21　) compared to other materials.

As engineers developed techniques to use more advanced artificial materials in the 19th century, much taller structures could be built. Materials such as wrought iron* could endure the elements*, as well as support many tons of weight. Beyond that, engineers also became more knowledgeable about distributing structural weight throughout a structure. This meant that taller structures could be built without making them impossibly heavier. The late-19th century construction of the Eiffel Tower was only possible because of these technological advances.

Designed to be open by the 1889 Paris Exposition, the tower was constructed of puddled iron*, a material that is very pure but also very strong and lightweight. This enabled the builders to create a structure that would not collapse under its own weight, something residents of the area greatly feared, and at least one local mathematician predicted would certainly happen.

The puddled iron also enabled the tower to be flexible, bending with the wind. The tower was, and still is, closed to visitors during times of extremely high winds. (　22　), however, the tower is in fact strong enough to withstand winds five times stronger than any ever recorded.

The successful launch of the tower, and its opening on time and under budget — and with only one fatality* during the construction — won over the city and, in due time, the world. It became one of the most impressive examples of "functional art" ever made. But more importantly, the success of the tower (　23　) to build very tall structures. This has resulted in a society that today feels confident about the safety and functionality of skyscrapers* and towers that now literally touch the clouds.

*rarity: 珍しさ　*wrought iron: 錬鉄　*elements: 風雨　*puddled iron: パドル錬鉄　*fatality: 死者　*skyscraper: 摩天楼、超高層ビル

(21)　**1**　much more expensive to manage
　　　2　suitable to use in castles or pyramids
　　　3　attractive for temporary housing
　　　4　ideal for ancient weapons

(22)　**1**　This is almost a myth
　　　2　One can understand why
　　　3　It is only for basic caution
　　　4　The goal remains the same

(23)　**1**　served as a proof of the human ability
　　　2　persuaded investors to rethink the advice
　　　3　reinforced the idea that it is impossible
　　　4　suggested why old technologies failed

[B]

*Milk Pasteurization**

　　In the 19th century, Louis Pasteur developed a technique to preserve milk against the danger of bacterial contamination. His research taught him that heat could kill the bacteria, making it safe to drink. The heat must not be (　24　), or it will simply boil all the liquid away. Heating the milk to temperatures around 72°C for 15 seconds will kill off some bacteria and keep the milk from curdling or going "sour." When the temperature is raised to 140°C for 4 seconds, it results in the elimination of almost all the bacteria in amounts that lead to sterilization*. This means that the milk can be stored in a place that is not necessarily cold.

　　While this conventional pasteurization remains effective, it also has limitations. Firstly, it heats the liquid unevenly. The part of the milk closest to the heat naturally gets hot faster and the parts of the milk farther away from the heat get hot slower. Therefore, it takes some time to heat a specific volume of milk. During the time necessary to heat that volume, some of the milk will be entirely burned away by the heat. This means that it can take (　25　) to fully pasteurize milk, and some portion of the milk is lost to heat damage.

Volumetric microwave heating is a new technique to pasteurize milk. Instead of using an open flame or (26   ), microwaves are used. As with a typical microwave oven, the waves penetrate* the milk uniformly. Because of this, the entire substance — in this case milk — is heated quickly. This means that less time and energy is necessary to heat the milk, resulting in lowering costs. Also, since the milk is heated uniformly, less milk volume is lost to heat damage. There is also much more process control in using microwaves. Conventional pasteurization requires a flame or heated surface. Once heated up, such surfaces take time to cool down. By contrast, volumetric microwave heating can be switched on or off instantly.

*pasteurization:（低温）殺菌法　*sterilization: 殺菌　*penetrate: 浸透する

(24)　**1**　supplied in relatively small amounts
　　　2　far away from the target liquid
　　　3　excessive or applied for a long time
　　　4　used as a part of the process

(25)　**1**　smaller amounts of liquid
　　　2　much effort to get authorization
　　　3　better and better tools
　　　4　considerable time and energy

(26)　**1**　theories that are untested
　　　2　other conventional heating surfaces
　　　3　strategies to make the liquid cooler
　　　4　more advanced types of testing

3 次の英文 [A]、[B]、[C] の内容に関して、(27) から (38) までの質問に対して最も適切なものを **1**、**2**、**3**、**4** から１つ選び、その番号を解答用紙の所定欄にマークしなさい。

[A]

From: Jenna Smith<j.smith@powerzonemail.net>
To: H1 ACE Tours < info@h1acetours.com>
Date: June 27, 2016
Subject: Your Tours

To whom it may concern:

I visited your website and became interested in some of your Caribbean cruises. I noticed that you have listed a wide range of prices, and also that special group discounts are available, but that the size of the discount varies. My family is considering joining with four other families to take one of your cruises. We're wondering if we would qualify for a group discount. If we do qualify for one, we are also wondering what the final price would be.

In addition, we would like to know whether all five families could have rooms on the same floor, right next to each other. All of us have been friends since high school, so we like to travel together like this.

Basically, we would like to save as much money as possible while still having a good time and seeing a bit of the world. By the way, we would be coming with our children, of course; they have just received their passports, and we want them to broaden their horizons with this tour. Please e-mail me back or call me to discuss whether this would be possible.

Thanks,
Jenna Smith

(27) What is one thing Jenna Smith asks the tour agent to do?
  1 Change their original cruise reservation.
  2 Update their account information.
  3 Give some advice on prices.
  4 Explain how to join other groups.

(28) What is true about Jenna Smith and her husband?
  1 They live in the same apartment with friends from high school.
  2 They upgraded a family website.
  3 They both teach at a high school.
  4 They keep in touch with their classmates.

(29) Jenna Smith's children recently
  1 started to work for the cruise company.
  2 got some travel documents.
  3 traveled around the world.
  4 completed a short cruise.

[B]
Social Animal Conflicts

Living in groups may help protect social animals from predators and harsh environments, makes migration easier, and assists in the hunt for food. Nevertheless, tensions and rivalries within social animal groups are common. For example, the alpha female* which leads a hyena* clan*, may be challenged from time to time by other clan members. While, though leaderless, dolphin pods* can divide into rival subgroups, based on family or other ties.

Like their solitary counterparts, social animals which are territorial, such as lions, will aggressively defend a space. However, even the most aggressive animals have a limit as to territory size. Specifically, that size is limited by that animal's ability to mark and defend its border.

New research, however, suggests that some social animals can overcome this problem and territorially expand. One Uganda chimpanzee community took over an additional 2.5 square miles over the period of just one summer. The chimpanzees which had previously occupied the space were chased off, and, in some cases, surrounded and destroyed. The "invaders" displayed startling human-like tactics, including what appeared to be patrols and ambushes*, along with distribution of food from the conquered territory.

Some analysts have pointed to these incidents as evidence of chimpanzees displaying a type of prehuman combat. From this viewpoint, human warfare* is simply a natural extension of primate biology. Other scientists, however, caution against accepting this theory. To begin with, only one chimpanzee subspecies was included in the field research. In addition, chimpanzee communities are often changeable. Indeed, members may drift from one community to another over time. From this point of view, such chimpanzee behavior can be seen as simple intraspecies* competition — in the same way that, for instance, a walrus* or deer may challenge another. At present, humans are the only species known to actively organize and carry out territorial expansion on a mass scale.

*alpha female: 群れの序列1位の雌　*hyena:（動物の）ハイエナ　*clan: 社会集団、群れ　*pod:（海生生物の）群れ　*ambush: 不意打ち　*warfare: 争い　*intraspecies: 種内の　*walrus: セイウチ

(30) What is one thing that is true about social animals?
   1 They always live on friendly terms with one another.
   2 They, like dolphins, have a strong female leader.
   3 They may be able to travel long distances better than animals that live alone.
   4 They challenge group members that try to leave.

(31) What reason is given for animal territories being limited in size?
   1 Animals prefer to avoid situations that could result in fights.
   2 Animals do not usually fight against other animals.
   3 Territorial borders depend on the type of environment.
   4 It is difficult to carefully watch a zone that has become too large.

(32) How did the Uganda chimpanzee community expand its territory?
   1 By entering areas that had previously been uninhabited.
   2 By confronting outside rivals in an organized way.
   3 By using strategies that they had seen humans use.
   4 By slowly growing over several summers.

(33) What is one thing that the field research suggests?
   1 The chimpanzee subspecies are quite similar to one another.
   2 The Uganda chimpanzee activities clearly show the origins of war.
   3 The extreme violence of chimpanzees is unique among animals.
   4 Theories likening chimpanzee and human behavior are disputable.

[C]
Tidal Force

Most people know that the waters of the Earth, specifically the oceans, are affected by the moon. The moon "pulls" at the oceans, causing them to move away from or toward the shores. Although the effect is much smaller, the gravity of the moon still pulls the Earth's surface — not just its waters — raising it by about 10 centimeters or more. This gravitational force is not unique to the moon. The Earth, having more mass, pulls the moon toward it by more than 50 centimeters.

Gravitational tides result because gravity affects things unevenly. For example, as two bodies approach each other, the surfaces that face each other will feel the strongest gravity. The surfaces that face away will feel the weakest gravity. This is why the oceans that face the moon are pulled toward it most strongly; they are "closest" to the moon. Oceans and waters on the other side of the Earth, which are farther away from the moon, are pulled toward it relatively weakly.

This tidal force also affects larger bodies, such as stars. For example, a star that wanders too close to a black hole will be pulled in. As stars approach, their outermost* layers are closest to the black hole. That means those layers will be most heavily affected by the tidal force, and those layers will be pulled in first. This is why black holes may have streams of bright hot gases at their edges: those are the outermost layers of stars being pulled in.

One of the more interesting effects of tidal forces is "tidal lock." This refers to a moon, planet, or other body that always shows the same side to another body. One of the best examples is the moon, which always presents the same side to the Earth. This makes the moon seem as if it is not rotating — turning — at all. In fact, the moon is rotating. However, because it is tidally locked, its rotation rate causes it to never present its "dark side" to the Earth.

*outermost: 最も外側の

(34) The moon is much smaller than the Earth, so it
　　1 cannot affect the Earth as it orbits with its weak gravity.
　　2 has less gravitational influence than the Earth.
　　3 pushes the Earth for only a few hours a day.
　　4 lacks the power to hold onto oceans or other liquids.

(35) What is one thing that we learn about the oceans?
　　1 They have the same water level everywhere.
　　2 They are affected by the moon only at night.
　　3 They show the uneven effects of gravity.
　　4 They have much more mass than the shores.

(36) Which of the following statements is true?
　　1 Stars rarely wander near black holes.
　　2 Black holes are easily seen from the Earth.
　　3 Black hole gravity will break down even very large bodies.
　　4 Stars that are large enough can resist black hole tidal force.

(37) What is one thing that is a feature of the Earth's tidal lock of the moon?
　　1 The moon does not rotate because of the Earth's gravity.
　　2 The Earth and the moon regularly change their orbits.
　　3 The dark side of the moon never sees sunlight.
　　4 One side of the moon cannot be viewed from the Earth.

(38) Which of the following is a correct description of tidal force?
　　1 The varying effects of the gravity of one body on a different one.
　　2 The changes in the moon's orbit caused by the nearness of the Earth.
　　3 The changes in the size of an ocean caused by the distribution of gravity.
　　4 The movement of one body away from another one close to it.

4 ライティング

- 以下の TOPIC について、あなたの意見とその理由を 2 つ書いてください。
- POINTS は理由を書く際の参考となる観点を示したものです。ただし、これら以外の観点から理由を書いてもかまいません。
- 語数の目安は 80 語〜 100 語です。

TOPIC
These days, people buy expensive brand-name goods. Do you think it is a good thing to spend a lot of money on those things?

POINTS
● Presents　　● Advertisements　　● Fashion

一次試験　リスニング

● 2級リスニングテストについて

このリスニングテストには第1部と第2部があります。
❗ 英文はすべて1度しか読まれません。

第1部：対話を聞き、その質問に対して最も適切なものを1、2、3、4の中から1つ選び、その番号を解答用紙の所定欄にマークしなさい。

第2部：英文を聞き、その質問に対して最も適切なものを1、2、3、4の中から1つ選び、その番号を解答用紙の所定欄にマークしなさい。

No. 30の後、10秒すると試験終了の合図がありますので、筆記用具を置いてください。

第1部　CD 68 ～ 75

No. 1
1. She dropped out of her biology major.
2. She had to take a different lecture.
3. She had to stay up late.
4. She had to take notes for a friend.

No. 2
1. In a department store.
2. At a museum.
3. In an office building.
4. At a bus terminal.

No. 3
1. It launched a new T-shirt line.
2. It ended a fashion sale.
3. It ran out of an item.
4. It stocked some new goods.

No. 4
1. A movie featuring a favorite actor.
2. Difficulty in buying tickets for plays.
3. One of the latest videogames.
4. Old classics the speakers liked.

No. 5
1 Some suppliers had invited her.
2 Her boss wanted her to attend a seminar.
3 She wanted to find new clients.
4 A rival company wanted to consult her.

No. 6
1 Send a text.
2 Play a game.
3 Meet for class.
4 Write about a team.

No. 7
1 They want to have it every week.
2 They want to try it at a restaurant.
3 They want to have something different.
4 They want to combine it with a new fish item.

No. 8
1 To make a complaint.
2 To ask about prices.
3 To open an account.
4 To make a payment.

No. 9
1 He taught a class.
2 He ran to his friend's home.
3 He left a message.
4 He checked his voicemail.

No. 10
1 Give a refund on a product.
2 Download a different software version.
3 Display more high-priced computers.
4 Show the woman another section of the store.

No. 11
1 Buy premium coffee.
2 Go out shopping.
3 Pick out additional cups.
4 Post recommendations online.

No. 12　**1**　Go on a nature trip.
　　　　2　Try out a bike trail.
　　　　3　Use a gym to get fit.
　　　　4　Check out places around town.

No. 13　**1**　She cannot find the clinic.
　　　　2　She cannot move around much.
　　　　3　She cannot get any rest.
　　　　4　She cannot see a doctor today.

No. 14　**1**　She posted a notice online.
　　　　2　She bought some jewelry.
　　　　3　She got a gift for a friend.
　　　　4　She worked at a store.

No. 15　**1**　It serves customers all day and night.
　　　　2　It offers new membership cards.
　　　　3　It accepts cash payment.
　　　　4　It assists people who have lost licenses.

第 2 部　CD 76 ～ 83

No. 16　**1**　Apply for a store membership.
　　　　2　Go to a special event.
　　　　3　Use coupons for a product.
　　　　4　Wait for an upcoming sale.

No. 17　**1**　The staff received their pay.
　　　　2　Another doctor was hired.
　　　　3　An emergency occurred.
　　　　4　The business closed early.

No. 18　**1**　Getting help from a math tutor.
　　　　2　Registering for weekend classes.
　　　　3　Working at a different school.
　　　　4　Accepting additional hours.

No. 19
1 It is being restored slowly.
2 It is protected from thieves.
3 It is damaged by the environment.
4 It is becoming less visited by tourists.

No. 20
1 Because she likes it much better.
2 Because she missed it last semester.
3 Because it is necessary.
4 Because it takes place at a convenient time.

No. 21
1 By recruiting them from rivals.
2 By getting personal recommendations.
3 By holding various types of discussions.
4 By outsourcing to an event planning company.

No. 22
1 It is important for everyone.
2 It is fairly easy to master.
3 It is critical for leaders.
4 It is spreading new technologies.

No. 23
1 Focus on earning more money.
2 Teach people to be successful.
3 Open another beach café.
4 Keep her current lifestyle.

No. 24
1 The background of Fashion Day.
2 The launch of a new award.
3 The upcoming show.
4 The opinions of critics.

No. 25
1 She has worked as a coach.
2 She is an inspirational leader.
3 She has inspired many sports fans.
4 She has met regional champions.

No. 26
1 It is much slower than a sports car.
2 It creates force through its dive.
3 It seems smaller than it is.
4 It escapes slower predators.

No. 27
1 It is the oldest festival in Brazil.
2 It is closed to cars and trucks.
3 It is held on the city streets.
4 It is copied by European cities.

No. 28
1 Prepare for a hard morning's work.
2 Consider a community school.
3 Relax when they get home.
4 Have a nice outdoor meal.

No. 29
1 Work in a cafeteria.
2 Transfer to a different university.
3 Attend more music concerts.
4 Get professional experience.

No. 30
1 Its rich downtown district.
2 Its numerous cultural sites.
3 Its world-famous theaters.
4 Its independent artists.

Chapter 5

必須語彙・熟語リスト 150

2級合格に必須の語彙・熟語リストです。付属のCDも活用し、語義だけでなく発音も押さえましょう。

◎ CD 84

☐☐☐ 001 **accelerate** /æksélərèit/	動 加速する	▶ p.014
☐☐☐ 002 **adjust** /ədʒʌ́st/	動 調整する	▶ p.164
☐☐☐ 003 **admit** /ædmít/	動 認める	▶ p.014
☐☐☐ 004 **block** /blάk/	動 妨げる	▶ p.165
☐☐☐ 005 **collapse** /kəlǽps/	動 崩壊する	▶ p.167
☐☐☐ 006 **compare** /kəmpéər/	動 比較する	▶ p.100
☐☐☐ 007 **comprise** /kəmpráiz/	動 （部分）から成る	▶ p.164
☐☐☐ 008 **contribute** /kəntríbju:t/	動 貢献する	▶ p.055
☐☐☐ 009 **convert** /kənvə́:rt/	動 変換する	▶ p.055
☐☐☐ 010 **decline** /dikláin/	動 下に傾く	▶ p.055

CD 85

☐☐☐ 011 **direct** /dərékt/	動 ～を…へ向かわせる（移動させる）	p.055
☐☐☐ 012 **discard** /diskά:rd/	動 処分する	p.092
☐☐☐ 013 **donate** /dóuneit/	動 寄付する	p.014
☐☐☐ 014 **drift** /dríft/	動 あてもなくさまよう	p.172
☐☐☐ 015 **encounter** /inkáuntər/	動 出会う	p.014
☐☐☐ 016 **endure** /indjúər/	動 耐える	p.167
☐☐☐ 017 **establish** /istǽbliʃ/	動 確立する	p.094
☐☐☐ 018 **exceed** /iksí:d/	動 （程度・限度などを）超える	p.055
☐☐☐ 019 **expose** /ikspóuz/	動 （日光や雨などに）さらす	p.020
☐☐☐ 020 **gain** /géin/	動 ～を獲得する	p.138

185

◎ CD 86

□□□ 021 **migrate** /máigreit/	動 (動物などが)渡る、移住する	▶ p.055
□□□ 022 **nourish** /nə́:riʃ/	動 養う	▶ p.014
□□□ 023 **penetrate** /pénətrèit/	動 ～に侵入する、貫く、通す	▶ p.169
□□□ 024 **pollute** /pəlú:t/	動 ～を汚染する	▶ p.014
□□□ 025 **possess** /pəzés/	動 (財産などとして物を)所有する [発音注意]	▶ p.020
□□□ 026 **postpone** /poustpóun/	動 延期する	▶ p.055
□□□ 027 **praise** /préiz/	動 称賛する	▶ p.014
□□□ 028 **quit** /kwít/	動 止める	▶ p.014
□□□ 029 **reflect** /riflékt/	動 ～を反射する	▶ p.020
□□□ 030 **release** /rilí:s/	動 解放する	▶ p.055

CD 87

Chapter 5 必須語彙・熟語リスト 150

☐☐☐ 031 **reproduce** /rìːprədjúːs/	動 繁殖する、〜を再生する	▶ p.094
☐☐☐ 032 **reserve** /rizə́ːrv/	動 予約する、留保する	▶ p.055
☐☐☐ 033 **restore** /ristɔ́ːr/	動 〜を元の状態に戻す	▶ p.164
☐☐☐ 034 **restrict** /ristríkt/	動 〜を制限する	▶ p.052
☐☐☐ 035 **rotate** /róuteit/	動 回転する、自転する	▶ p.175
☐☐☐ 036 **scold** /skóuld/	動 叱る	▶ p.014
☐☐☐ 037 **transfer** /trænsfə́ːr/	動 （公共交通機関で）乗り換える、転勤させる	▶ p.019
☐☐☐ 038 **translate** /trǽnsleit/	動 翻訳する	▶ p.164
☐☐☐ 039 **urge** /ə́ːrdʒ/	動 （人に〜するように）強く勧める	▶ p.014
☐☐☐ 040 **wander** /wándər/	動 あてもなくさまよう、横道にそれる	▶ p.174

187

◎ CD 88

□□□ 041 **withdraw** /wiðdrɔ́ː/	動 引き出す、撤退する	▶ p.014
□□□ 042 **withstand** /wiðstǽnd/	動 〜に耐える	▶ p.167
□□□ 043 **acknowledgement** /æknɑ́lidʒmənt/	名 承認	▶ p.049
□□□ 044 **acquaintance** /əkwéintəns/	名 知り合い	▶ p.049
□□□ 045 **approval** /əprúːvəl/	名 承認	▶ p.166
□□□ 046 **attendance** /əténdəns/	名 出席	▶ p.049
□□□ 047 **attention** /əténʃən/	名 注意	▶ p.014
□□□ 048 **attraction** /ətrǽkʃən/	名 名所	▶ p.047
□□□ 049 **category** /kǽtəgɔ̀ːri/	名 分類上の区分	▶ p.165
□□□ 050 **circumstance** /sɔ́ːrkəmstæ̀ns/	名 事情、状況	▶ p.164

188

◎ CD 89

☐☐☐ 051 **civilization** /sìvəlɚzéiʃən/	名 文明	▶ p.014
☐☐☐ 052 **communication** /kəmjùːnəkéiʃən/	名 伝達	▶ p.047
☐☐☐ 053 **component** /kəmpóunənt/	名 構成要素	▶ p.165
☐☐☐ 054 **concept** /kánsept/	名 概念、考え	▶ p.164
☐☐☐ 055 **contamination** /kəntæmənéiʃən/	名 汚染	▶ p.168
☐☐☐ 056 **courage** /kə́ːridʒ/	名 勇気	▶ p.049
☐☐☐ 057 **craftsmanship** /kræftsmənʃìp/	名 職人の技能	▶ p.092
☐☐☐ 058 **disaster** /dizǽstər/	名 (大)災害、(大)惨事	▶ p.050
☐☐☐ 059 **factor** /fǽktər/	名 要因	▶ p.093
☐☐☐ 060 **grief** /gríːf/	名 悲しみ	▶ p.164

Chapter 5 ≫ 必須語彙・熟語リスト 150

189

◎ CD 90

□□□ 061 **habitat** /hǽbitæt/	名 (動植物などの)生息地	▶ p.050
□□□ 062 **ignorance** /íɡnərəns/	名 無知	▶ p.049
□□□ 063 **interaction** /ìntərǽkʃən/	名 交流、意思の疎通	▶ p.050
□□□ 064 **invader** /invéidər/	名 侵略者	▶ p.172
□□□ 065 **layer** /léiər/	名 層	▶ p.174
□□□ 066 **likelihood** /láiklihùd/	名 可能性	▶ p.049
□□□ 067 **mating** /méitiŋ/	名 交配	▶ p.139
□□□ 068 **mess** /més/	名 散らかっていること	▶ p.165
□□□ 069 **misunderstanding** /mìsʌndərstǽndiŋ/	名 誤解	▶ p.050
□□□ 070 **ornament** /ɔ́ːrnəmənt/	名 装飾品	▶ p.016

◎ CD 91

☐☐☐ 071 **output** /ˈoutpùt/	名 生産高	▶ p.093
☐☐☐ 072 **overgrazing** /òuvərgréiziŋ/	名 過放牧	▶ p.094
☐☐☐ 073 **phobia** /fóubiə/	名 恐怖症	▶ 別冊 p.032
☐☐☐ 074 **poverty** /pávərti/	名 貧困	▶ p.050
☐☐☐ 075 **primate** /práimeit/	名 霊長類	▶ p.172
☐☐☐ 076 **productivity** /pròudʌktívəti/	名 生産性	▶ p.093
☐☐☐ 077 **refund** /ríːfʌnd/	名 払い戻し	▶ p.023
☐☐☐ 078 **solution** /səlúːʃən/	名 解決(策)	▶ p.047
☐☐☐ 079 **structure** /strʌ́ktʃər/	名 構造	▶ p.047
☐☐☐ 080 **surface** /sə́ːrfis/	名 表面	▶ p.169

Chapter 5 ≫ 必須語彙・熟語リスト150

◎ CD 92

□□□ 081 **tension** /ténʃən/	名 緊張	▶ p.172
□□□ 082 **the elements**	名 風雨	▶ p.167
□□□ 083 **tide** /táid/	名 潮の干満	▶ p.174
□□□ 084 **treat** /tríːt/	名 おごり、もてなし	▶ p.048
□□□ 085 **vacancy** /véikənsi/	名 空室	▶ p.018
□□□ 086 **vanity** /vǽnəti/	名 虚栄心、うぬぼれ	▶ p.092
□□□ 087 **wealth** /wélθ/	名 富	▶ p.050
□□□ 088 **additional** /ədíʃənl/	形 追加の	▶ p.059
□□□ 089 **adequate** /ǽdikwət/	形 十分な	▶ p.164
□□□ 090 **artificial** /ɑ̀ːrtəfíʃəl/	形 人工的な	▶ p.167

192

CD 93

☐☐☐ 091 **cautious** /kɔ́ːʃəs/	形 用心深い	▶ p.060
☐☐☐ 092 **comfortable** /kʌ́mfərtəbl/	形 心地よい	▶ p.058
☐☐☐ 093 **complex** /kəmpléks/	形 複雑な	▶ p.057
☐☐☐ 094 **confident** /kɑ́nfədənt/	形 自信に満ちた	▶ p.060
☐☐☐ 095 **conventional** /kənvénʃənl/	形 従来型の、型にはまった	▶ p.168
☐☐☐ 096 **curious** /kjúəriəs/	形 好奇心の強い	▶ p.056
☐☐☐ 097 **economical** /èkənɑ́mikəl/	形 節約する、無駄遣いをしない	▶ p.091
☐☐☐ 098 **embarrassed** /imbǽrəst/	形 困惑した	▶ p.060
☐☐☐ 099 **emotional** /imóuʃənl/	形 感情的な	▶ p.056
☐☐☐ 100 **enthusiastic** /inθjùːziǽstik/	形 熱心な	▶ p.059

Chapter 5 ≫ 必須語彙・熟語リスト 150

◎ CD 94

□□□ 101 **essential** /isénʃəl/	形 最も重要な、本質的な	▶ p.057
□□□ 102 **functional** /fʌ́ŋkʃənl/	形 機能的な	▶ p.092
□□□ 103 **gravitational** /græ̀vətéiʃənl/	形 重力の、引力の	▶ p.174
□□□ 104 **harsh** /hɑ́ːrʃ/	形 厳しい	▶ p.167
□□□ 105 **mature** /mətjúər/	形 熟成した	▶ p.060
□□□ 106 **nervous** /nə́ːrvəs/	形 緊張した	▶ p.060
□□□ 107 **positive** /pázətiv/	形 肯定的な	▶ p.060
□□□ 108 **reasonable** /ríːzənəbl/	形 道理をわきまえた、妥当な	▶ p.056
□□□ 109 **scarce** /skέərs/	形 十分でない	▶ p.164
□□□ 110 **slight** /sláit/	形 ほんのわずかな	▶ p.164

CD 95

☐☐☐ 111 **solitary** /sάlətèri/	形 独りの	▶ p.172
☐☐☐ 112 **territorial** /tèrətɔ́:riəl/	形 領土の	▶ p.172
☐☐☐ 113 **unselfish** /ʌnsélfiʃ/	形 利他的な	▶ p.016
☐☐☐ 114 **formerly** /fɔ́:rmərli/	副 以前は	▶ p.165
☐☐☐ 115 **fortunately** /fɔ́:rtʃənətli/	副 運よく	▶ p.165
☐☐☐ 116 **frequently** /frí:kwəntli/	副 しばしば	▶ p.014
☐☐☐ 117 **lately** /léitli/	副 最近	▶ p.014
☐☐☐ 118 **permanently** /pɔ́:rmənəntli/	副 永久に	▶ p.165
☐☐☐ 119 **properly** /prάpərli/	副 適切に	▶ p.014
☐☐☐ 120 **rarely** /réərli/	副 めったに〜ない	▶ p.014

Chapter 5 ≫ 必須語彙・熟語リスト150

195

◎ CD 96

□□□ 121 **significantly** /signífikəntli/	副 著しく	▶ p.060
□□□ 122 **temporarily** /tèmpərérəli/	副 一時的に	▶ p.060
□□□ 123 **urgently** /ə́:rdʒəntli/	副 緊急に	▶ p.060
□□□ 124 **vaguely** /véigli/	副 漠然と	▶ p.059
□□□ 125 **all of a sudden**	熟 突然	▶ p.166
□□□ 126 **back and forth**	熟 行ったり来たり（して）	▶ p.166
□□□ 127 **count on ~**	熟 ~に頼る	▶ p.015
□□□ 128 **do damage**	熟 損害を与える	▶ p.165
□□□ 129 **for a rainy day**	熟 まさかのときに備えて	▶ p.015
□□□ 130 **get in touch with ~**	熟 ~と連絡を取る	▶ p.165

196

CD 97

131 **get rid of ~**	熟 ～を取り除く、縁を切る	p.017
132 **give birth to ~**	熟 ～を出産する	p.166
133 **go off**	熟 鳴る	p.071
134 **go through with ~**	熟 （困難なことを）やり抜く	p.063
135 **hold on**	熟 つかまっている、（電話を）切らないで待つ	p.129
136 **in person**	熟 本人が直接に	p.023
137 **keep in touch with ~**	熟 ～と連絡を保つ	p.171
138 **live up to ~**	熟 （～の期待など）に沿う	p.165
139 **make fun of ~**	熟 ～をからかう	p.165
140 **play a key role**	熟 重要な役割を果たす	p.094

141 **poke fun at ~**	熟 ~をからかう	▶ p.015
142 **put emphasis on ~**	熟 ~を強調する	▶ p.165
143 **put off ~**	熟 ~を延期する	▶ p.063
144 **put up with ~**	熟 ~を我慢する	▶ p.063
145 **result in ~**	熟 (結果的に)~をもたらす	▶ p.061
146 **so as to ~**	熟 ~するために	▶ p.166
147 **take advantage of ~**	熟 ~を活用する	▶ p.015
148 **take charge of ~**	熟 ~の管理を引き受ける	▶ p.064
149 **take over ~**	熟 ~を奪う、引き継ぐ	▶ p.168
150 **take part in ~**	熟 ~に参加する	▶ p.138

Chapter 6

試験結果が到着したら

受験後に送られてくる「個人成績表」の記載内容・見方を説明しています。結果を受け取ったら確認しましょう。

受験後に「個人成績表」を確認しよう

ここでは、受験後に発行される、「個人成績表」について説明します。個人成績表は「英検」のウェブサイトでも閲覧できます。
成績表の内容を把握することで、現在の英語力・自分自身の弱点を見極め、今後の学習に役立てましょう。

[一次試験：個人成績表]

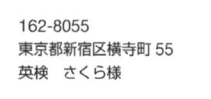

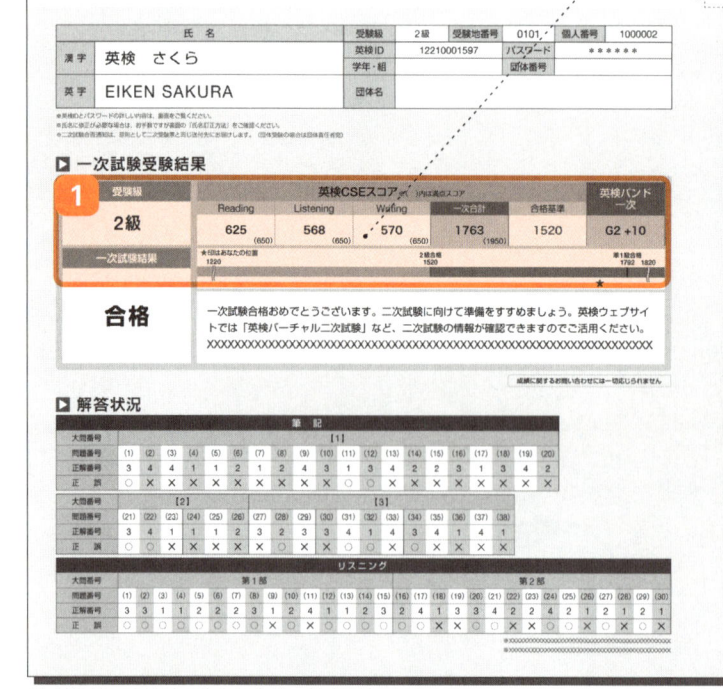

資料提供：公益財団法人日本英語検定協会　※実際の成績表イメージとは異なることがあります。

Chapter 6 ◆ 試験結果が到着したら

1

合否だけでなく、一次試験の**「英検」CSE スコア**と**「英検」バンド**を確認できます。「英検」CSE スコアを参照することで、自分の今の英語力を把握できます。

●**「英検」CSE スコア**とは、CEFR（※1）に対応した「ユニバーサルなスコア尺度 CSE2.0（※2）」を示したものです。成績表では、各級で問われる技能（リーディング・リスニング・ライティング・スピーキング）別のスコアとトータルスコアが示されます。
（「2級」の CSE2.0 合格点は p. 203 の表1を参照してください）

●**「英検」バンド**は合格ラインまでの距離を示す指標です。「ギリギリ合格」なのか、「楽々合格」なのか、といった、合格基準と比べて自分がどの位置にいるのかがわかります。
（「2級」一次の英検バンドは p. 203 の表2を参照してください）

※1「CEFR」とは…語学のコミュニケーション能力をレベル別に示す国際標準規格（ヨーロッパ言語共通参照枠：Common European Framework of Reference for Language）で、欧州で幅広く導入されています。A1レベル（初級学習者）からC2レベル（熟達した学習者）までの6つのレベルがあります。

※2「CSE 2.0」とは…CEFR のA1レベルからC2レベルまでの範囲を、「スピーキング」「ライティング」「リーディング」「リスニング」の各1000点満点とし、合計0点〜4000点のスコアに尺度化したものです。

2

各大問の出題の狙いと得点に応じた学習アドバイスが記載されています。学習アドバイスを確認することで、自身の得意・不得意、今後の学習において力を入れるべき点がわかります。

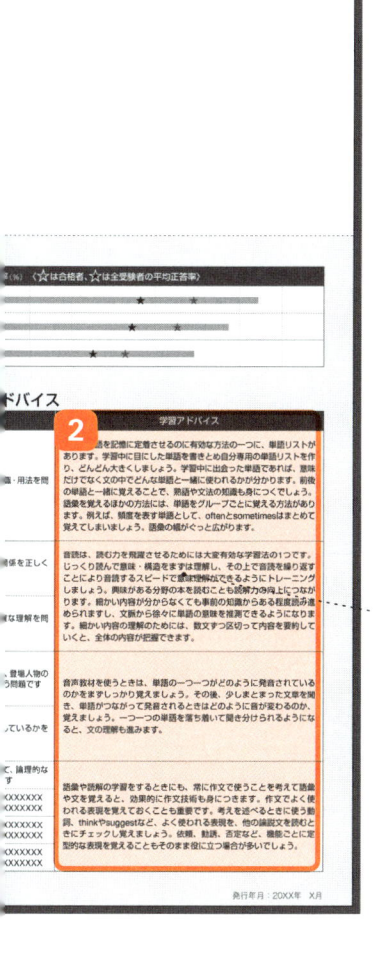

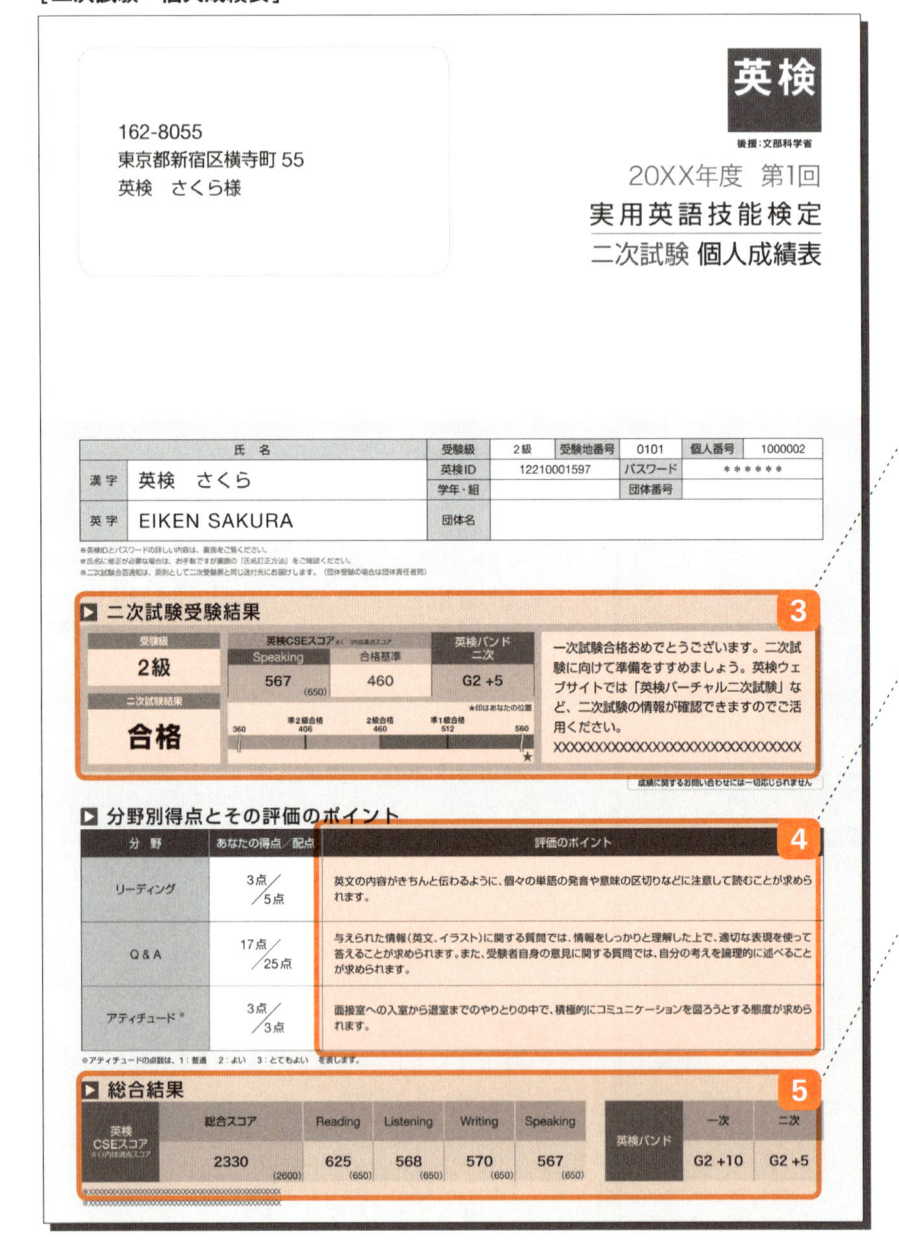

[二次試験：個人成績表]

162-8055
東京都新宿区横寺町 55
英検　さくら様

英検
後援：文部科学省

20XX年度　第1回
実用英語技能検定
二次試験 個人成績表

	氏　名	受験級	2級	受験地番号	0101	個人番号	1000002
漢字	英検　さくら	英検ID	12210001597	パスワード	******		
		学年・組		団体番号			
英字	EIKEN SAKURA	団体名					

※英検IDとパスワードの詳しい内容は、裏面をご覧ください。
※氏名に修正が必要な場合は、お手数ですが裏面の「氏名訂正方」をご確認ください。
※二次試験合否通知は、原則として二次受験票と同じ宛て所にお届けします。（団体受験の場合は団体責任者宛）

▶ 二次試験受験結果　③

受験級	英検CSEスコア	合格基準	英検バンド 二次
2級	Speaking 567 (650)	460	G2 +5
二次試験結果 **合格**	準2級合格 360 / 2級合格 406 / 460 / 1級合格 512 / 560 ★		

一次試験合格おめでとうございます。二次試験に向けて準備をすすめましょう。英検ウェブサイトでは「英検バーチャル二次試験」など、二次試験の情報が確認できますのでご活用ください。

XXXXXXXXXXXXXXXXXXXXXXXXX

成績に関するお問い合わせには一切応じられません

▶ 分野別得点とその評価のポイント

分　野	あなたの得点／配点	評価のポイント　④
リーディング	3点／5点	英文の内容がきちんと伝わるように、個々の単語の発音や意味の区切りなどに注意して読むことが求められます。
Q & A	17点／25点	与えられた情報（英文、イラスト）に関する質問では、情報をしっかりと理解した上で、適切な表現を使って答えることが求められます。また、受験者自身の意見に関する質問では、自分の考えを論理的に述べることが求められます。
アティチュード※	3点／3点	面接室への入室から退室までのやりとりの中で、積極的にコミュニケーションを図ろうとする態度が求められます。

※アティチュードの点数は、1：普通　2：よい　3：とてもよい　を表します。

▶ 総合結果　⑤

英検CSEスコア 各4技能別算出スコア	総合スコア	Reading	Listening	Writing	Speaking	英検バンド	一次	二次
	2330 (2600)	625 (650)	568 (650)	570 (650)	567 (650)		G2 +10	G2 +5

202

3

二次試験の合否、「英検」CSE スコアと「英検」バンドを確認できます。「英検」CSE スコア、「英検」バンドについては p. 201 をご覧ください。
(「2 級」二次の「英検」バンドは表 3 を参照してください)

4

二次試験における「評価のポイント」が記載されています。音読を評価する「リーディング」、質問への応答を評価する「Q & A」だけでなく、コミュニケーションを取る姿勢というような「アティチュード」面も評価の対象となります。

5

一次・二次試験の「英検」CSE スコア総合点と、各「英検」バンドです。現在の英語レベルや次に目指すレベルを把握することができます。

表1:「2 級」の CSE2.0 合格点

試験名	各技能	満点	合格点
一次試験	Reading	650	1520
	Listening	650	
	Writing	650	
二次試験	Speaking	650	460
	計	2600	1980

表2:「2 級」一次の「英検」バンド

合格	不合格
G2 ＋ 1 〜＋ 17	G2 － 1 〜－ 58

表3:「2 級」二次の「英検」バンド

合格	不合格
G2 ＋ 1 〜＋ 7	G2 － 1 〜－ 18

受験を終えた皆さんへ

●合格された皆さんへ

　CSE スコアが準1級合格の 2304 点に近いスコアだった人は、積極的に準1級受験の準備をしましょう。準1級レベルの語彙力があれば、留学のための TOEFL テストや IELTS などの試験も目指せます。また、リスニング力を伸ばして TOEIC テストを攻略するのもよいでしょう。

●不合格だった皆さんへ

　「一次試験個人成績表」に正答数などが書かれています。一次試験に不合格だったら、自分にどの技能が足りなかったのかを認識してください。そして、その弱いところを重点的に勉強する一方で、強いところをさらに伸ばしてください。なお、全体的に不十分な結果だった場合には、準2級の受験を視野に入れてください。準2級のレベルから力をつけていったほうがよい場合もあります。

　二次試験に不合格だったら、その原因を探ってください。リーディングが低い場合には Q&A の第1問でも失敗している可能性が高いと言えます。一次試験の合格実績は1年間有効ですから、次回の二次受験に向けてすぐに準備を始めてください。頑張りましょう。

　「英検」を山に例えれば、2級は「富士山」、準1級は「キリマンジャロ」、そして、1級は「エベレスト」。大変だと思いますが、頑張って山を登ってください。

　最後に、米国のケネディー大統領が、月面着陸を目指すアポロ計画を発表したときに語った言葉を贈ります。

　We choose to go to the moon in this decade …, not because they are easy, but because they are hard, …（われわれはこの先 10 年間で月に行くことを選択する。それは、たやすいからではない。困難だからだ）

　英語の勉強を続けてください。

　大変でも努力は必ず報われます。

　Your efforts will pay off!

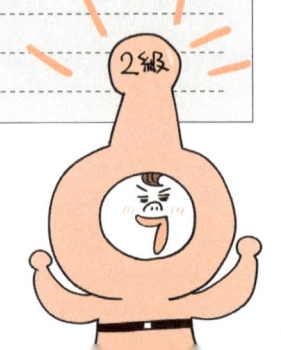

ミニ模試　解答用紙

解答欄

問題番号		1	2	3	4
1	(1)	①	②	③	④
	(2)	①	②	③	④
	(3)	①	②	③	④
	(4)	①	②	③	④
	(5)	①	②	③	④
	(6)	①	②	③	④
	(7)	①	②	③	④
	(8)	①	②	③	④
	(9)	①	②	③	④
	(10)	①	②	③	④

解答欄

問題番号		1	2	3	4
2	(11)	①	②	③	④
	(12)	①	②	③	④
	(13)	①	②	③	④

解答欄

問題番号		1	2	3	4
3	(14)	①	②	③	④
	(15)	①	②	③	④
	(16)	①	②	③	④
	(17)	①	②	③	④
	(18)	①	②	③	④
	(19)	①	②	③	④
	(20)	①	②	③	④

リスニング解答欄

問題番号		1	2	3	4
第1部	No. 1	①	②	③	④
	No. 2	①	②	③	④
	No. 3	①	②	③	④
	No. 4	①	②	③	④
	No. 5	①	②	③	④
第2部	No. 6	①	②	③	④
	No. 7	①	②	③	④
	No. 8	①	②	③	④
	No. 9	①	②	③	④
	No. 10	①	②	③	④

【注意事項】
①解答にはHBの黒鉛筆（シャープペンシルも可）を使用し、解答を訂正する場合には消しゴムで完全に消してください。
②解答用紙は絶対に汚したり折り曲げたり、所定以外のところへの記入はしないでください。
③マーク例

良い例	悪い例
●	◐ ✕ ◯

これ以下の濃さのマークは読めません。

模擬試験　解答用紙

解答欄

問題番号	1	2	3	4
(1)	①	②	③	④
(2)	①	②	③	④
(3)	①	②	③	④
(4)	①	②	③	④
(5)	①	②	③	④
(6)	①	②	③	④
(7)	①	②	③	④
(8)	①	②	③	④
(9)	①	②	③	④
(10)	①	②	③	④
(11)	①	②	③	④
(12)	①	②	③	④
(13)	①	②	③	④
(14)	①	②	③	④
(15)	①	②	③	④
(16)	①	②	③	④
(17)	①	②	③	④
(18)	①	②	③	④
(19)	①	②	③	④
(20)	①	②	③	④

（大問 1）

解答欄

問題番号	1	2	3	4
(21)	①	②	③	④
(22)	①	②	③	④
(23)	①	②	③	④
(24)	①	②	③	④
(25)	①	②	③	④
(26)	①	②	③	④

（大問 2）

解答欄

問題番号	1	2	3	4
(27)	①	②	③	④
(28)	①	②	③	④
(29)	①	②	③	④
(30)	①	②	③	④
(31)	①	②	③	④
(32)	①	②	③	④
(33)	①	②	③	④
(34)	①	②	③	④
(35)	①	②	③	④
(36)	①	②	③	④
(37)	①	②	③	④
(38)	①	②	③	④

（大問 3）

リスニング解答欄

問題番号	1	2	3	4
No. 1	①	②	③	④
No. 2	①	②	③	④
No. 3	①	②	③	④
No. 4	①	②	③	④
No. 5	①	②	③	④
No. 6	①	②	③	④
No. 7	①	②	③	④
No. 8	①	②	③	④
No. 9	①	②	③	④
No. 10	①	②	③	④
No. 11	①	②	③	④
No. 12	①	②	③	④
No. 13	①	②	③	④
No. 14	①	②	③	④
No. 15	①	②	③	④
No. 16	①	②	③	④
No. 17	①	②	③	④
No. 18	①	②	③	④
No. 19	①	②	③	④
No. 20	①	②	③	④
No. 21	①	②	③	④
No. 22	①	②	③	④
No. 23	①	②	③	④
No. 24	①	②	③	④
No. 25	①	②	③	④
No. 26	①	②	③	④
No. 27	①	②	③	④
No. 28	①	②	③	④
No. 29	①	②	③	④
No. 30	①	②	③	④

（第1部：No.1〜No.15／第2部：No.16〜No.30）

【注意事項】
①解答には HB の黒鉛筆（シャープペンシルも可）を使用し、解答を訂正する場合には消しゴムで完全に消してください。
②解答用紙は絶対に汚したり折り曲げたり、所定以外のところへの記入はしないでください。
③マーク例　良い例　悪い例

これ以下の濃さのマークは読めません。

4 ライティング解答欄

・指示事項を守り、文字は、はっきりとわかりやすく書いてください。
・太枠に囲まれた部分のみが採点の対象です。

著者プロフィール

神部 孝（かんべ たかし）
Yale UniversityでMBAを取得。現在、かんべ英語塾主宰。TOEFLをはじめ、GMATやGRE、「英検」などの指導に当たっている。主な著書に、『改訂版 完全攻略！ TOEFL ITPテスト』『改訂版 完全攻略！ TOEFL iBTテスト』（いずれもアルク刊）『TOEFL英単語3800』『TOEFL英熟語700』（いずれも旺文社刊）などがある。

完全攻略！
英検®2級

発行日　2016年 9月15日　初版発行
　　　　2025年 6月 4日　第5刷

著者：神部孝
問題作成：CPI Japan
編集：株式会社アルク 文教編集部／オフィスLEPS 岡本茂紀
英文校正：Peter Branscombe、Margaret Stalker
翻訳：オフィスLEPS 岡本茂紀
アートディレクション・本文デザイン：大村麻紀子
イラスト：カバー・JUN OSON、本文・つぼいひろき
ナレーション：Julia Yermakov、Howard Colefield
録音・編集：株式会社ジェイルハウス・ミュージック
DTP：株式会社 新後閑
印刷・製本・CDプレス：TOPPANクロレ株式会社
発行者：天野智之
発行所：株式会社アルク

〒141-0001　東京都品川区北品川6-7-29 ガーデンシティ品川御殿山
Website: https://www.alc.co.jp/
中学・高校での一括採用に関するお問い合わせ
koukou@alc.co.jp（アルクサポートセンター）

- 落丁本、乱丁本は弊社にてお取り替えいたしております。Webお問い合わせフォームにてご連絡ください。https://www.alc.co.jp/inquiry/
- 本書の全部または一部の無断転載を禁じます。著作権法上で認められた場合を除いて、本書からのコピーを禁じます。
- 定価はカバーに表示してあります。
- 訂正のお知らせなど、ご購入いただいた書籍の最新サポート情報は、以下の「製品サポート」ページでご提供いたします。
  製品サポート：https://www.alc.co.jp/usersupport/
- とくに断りのない限り、本書に掲載の情報は2023年2月現在のものです。

© 2016 Takashi Kambe / ALC PRESS INC. / JUN OSON / HIROKI TSUBOI / Makiko Omura
Printed in Japan.
PC: 7016058
ISBN: 978-4-7574-2829-4

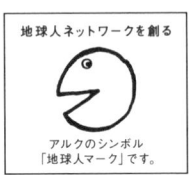

地球人ネットワークを創る
アルクのシンボル
「地球人マーク」です。

完全攻略！英検2級

神部孝 著

別冊 解答・解説

アルク

≪ 本冊 14 ページ

Chapter 1　ミニ模試

リーディング

1

(1)　正解：4

訳　そばの川はひどく汚染されていました。しかし、近所のボランティアのおかげで、今では魚が住めるほどきれいです。

選択肢の訳▶ **1** 加速された　**2** 満足した　**3** 栄養を与えられた　**4** 汚染された

解説　単語問題。However（しかし）で始まる2文目の「川がきれい」というところから、以前は汚かったことがわかります。したがって、正解は「汚染された」の意味の polluted です。

(2)　正解：1

訳　学者たちは、中米に古代文明があった証拠を見つけようとしています。

選択肢の訳▶ **1** 文明　**2** 注意　**3** 招待　**4** 信念

解説　単語問題。early civilization の形で「初期文明、古代文明」という意味を表します。この形を成立させる **1** の civilization（文明）を選択してください。

(3)　正解：1

訳　ケンは大学を卒業した10年後に、感謝の気持ちを示すために自分の大学にいくらかのお金を寄付しました。

選択肢の訳▶ **1** 寄付する　**2** 引き出す　**3** 出会う　**4** 認める

解説　単語問題。show his gratitude（感謝の気持ちを示す）の意味をとらえられれば、**1** の donate（寄付する）を選択できます。

(4)　正解：4

訳　両親はメアリーに医学の勉強を続けるように勧めました。しかし、彼女は医者になることに興味をなくし、ピアニストになりたがっていました。

選択肢の訳▶ **1** 叱った　**2** やめた　**3** 称賛した　**4** 勧めた

解説　単語問題。urge は「勧める」という意味です。加えて、ほかの単語は someone to do の形を従えることができません。そのために urge しか選択できないのです。

Chapter 1　ミニ模試　≫ リーディング

難易度が高い問題です。

(5)　正解：3

訳　サンダースは社長でしたが、顧客との会合に忙しいと言ってめったに役員会に出席しませんでした。

選択肢の訳▶ 1 頻繁に　**2** 適切に　**3** めったに〜しない　**4** 最近

解説　単語問題。文頭の Although が大きなキーとなります。「社長だったが、〜だ」と、2つの節の意味が逆接の関係になる文です。顧客に会うのに忙しかった、ということからも「会議に出席しなかった」という否定的な意味が推測されます。選択肢の中で否定的な意味を伝えるのは **3** の rarely（めったに〜しない）だけです。

(6)　正解：1

訳　A：誰かに火曜日までに報告書を完成させてもらわなければならないんだけど。
　　　B：私を当てにしないで！　休暇に出ちゃうから。

選択肢の訳▶ 1 〜を当てにする　**2** 〜と戦う
　　　　　　　3 〜をからかう　**4** 〜のことを告げ口する

解説　熟語問題。A は暗に仕事を引き受けてほしいと言っています。それに対する B の返答です。休暇に出るから、どうなのか。引き受けるのは嫌だと言っているのですね。**1** の count on（〜を当てにする）を選択しましょう。

(7)　正解：1

訳　政治指導者たちは、雇用創出をもたらす可能性のある経済戦略について討議しました。

選択肢の訳▶ ※省略

解説　熟語問題。result in（結果をもたらす、帰着する）が熟語です。result を用いた熟語としては、ほかに result from（〜に起因する）を覚えましょう。

(8)　正解：2

訳　初期の米国の移民たちは、アメリカ先住民の農業の知識を活用しました。

選択肢の訳▶ 1 行動　**2** 優位点　**3** 賛同　**4** 会社、仲間

解説　熟語問題。take advantage of（〜を活用する）が熟語です。**1** を用いて take action とすれば「行動を起こす」という意味になります。しかし、空欄以降の部分と意味がつながりません。**2** の advantage が最適です。

(9)　正解：2

訳　キムの両親は倹約家で、いざというときに備えてお金をためています。

3

選択肢の訳▶ 1 輝く　2 雨の　3 曇りの　4 美しい

解説 熟語問題。a rainy day（困ったとき）が熟語です。覚えましょう。口語的表現の中には、ほかにも take a rain check（予定を先延ばしにする、延期する）のように rain を使った表現があります。

(10) 正解：2

訳 サニーは、もし祖父が一緒に釣りに行くように頼まなかったなら、学校から帰った後にすぐ宿題を始めていたでしょう。

選択肢の訳▶ 1 始めた　2 始めていただろう　3 始めていた　4 始めているだろう

解説 文法問題。仮定法過去完了の問題です。if 以下の節の動詞が過去完了になっていることから判断できます。サニーは実際には、学校から帰ってすぐに宿題をしなかったのです。

2

訳

スカラベ

　一般的にフンコロガシとして知られているスカラベは、古代エジプトにおいて永遠の生命の象徴でした。スカラベの装飾が最初に古代エジプトに現れたのは紀元前25世紀です。この装飾は印章から魔よけまで多岐にわたり、その持ち主を不運から守りながら、発展と成長をもたらすものと信じられていました。後に、装飾のスカラベは葬儀の儀式の場でミイラの上に置かれました。それは、スカラベが死者の心臓と見なされたからです。

　フンコロガシとして知られるスカラベには、魅力的な自然史があります。フンコロガシはふんを巣に運び、巣では雌がふんに卵を産み付けます。そのユニークな行動の中には、人間が見ると滑稽に感じるものもあります。例えば、フンコロガシは逆立ちのような姿勢をとり、後ろ脚でふんの玉を支えて転がします。よく知られる観察者の一人に、フランスの科学者で、有名な『ファーブル昆虫記』の著者、ジャン・アンリ・ファーブルがいます。あるフンコロガシが障害物にぶつかると、常にほかのフンコロガシがふんを動かすのを助けるように見えました。しかし実際には、ファーブルの観察によると、この一見協力的な行動はまったく助けになっておらず、むしろ完全に利己的な振る舞いだったというのです。ほかのフンコロガシたちは、ふんを盗もうとして、時に激しく争ったのです。

(11) 正解：1

選択肢の訳▶ 1 持ち主を〜から守る　2 持ち主に与える
　　　　　　3 持ち主に観察させる　4 持ち主に持たせる

解説 charm（魔よけ、お守り）がわかれば簡単なのですが、わからなくても bad fortune（不運）とそれに続く ... bringing development and growth.（発展と成長をもたらしている）の関係がわかれば解けます。ほぼ反対の意味ですから、bad fortune を退けるような意味の選択肢を探せばよいのです。

(12) 正解：1

選択肢の訳▶ 1 〜にとって滑稽に見える　2 〜に役立つ
　　　　　　　3 〜を取り除く　　　　　4 〜に限られる

解説 第2パラグラフの第4文がキーとなります。For example, ... で始まっているため、その内容から解答を導けます。... as if they are hand-standing.（逆立ちしているかのように）が滑稽と言えます。**1** を選択できます。

(13) 正解：2

選択肢の訳▶ 1 助け合って　2 ふんを盗もうとして　3 静かに眠って　4 水を飲んで

解説 前文で「一見協力的な行動はまったく助けになっていない」と言っています。ですから、helping each other（助け合う）は選択できません。空所の後に ... and the beetles often fought violently.（そして、フンコロガシたちは時に激しく争ったのです）とあることから、その原因となり得る trying to steal the dung が答えです。

3 [A]

> **訳**

差出人：ジム・ピーターソン <peterson-j@gooday.com>
宛先：スティーブンソン不動産 <info-stephenson@realestate.com>
日付：2017年3月4日
スティーブンソンさま

チェリー通りのツイン・アパートメンツについてお伺いしたく、本メールを差し上げております。私は来月、勤務先企業のチェリー通り工場へ異動する予定です。既婚者で、2歳と4歳の息子がおります。ウェブページを拝見したところ、御社がツイン・アパートメンツを管理なさっているとのことで、時折空室の出る可能性があると拝察します。立地が素晴らしく、工場や幼稚園に近い物件ですので、当方の条件に合う部屋があるかどうか、また賃貸料がいくらなのかを知りたいと思っています。来週、工場へ行く予定がありますので、その折に御社へお伺いしてアパートの空きについてお話しできれば幸いです。もし、アパートの内覧が可能でしたら、妻を同行させます。早めにご回答いただければありがたく存じます。
よろしくお願いいたします。

グッデイ製作所
設計部部長
ジム・ピーターソン

(14) 正解：3

設問・選択肢の訳▶ ジム・ピーターソンについて当てはまるのはどれですか。

1 彼はアパートを購入した。
2 彼はチェリー通り工場で働いている。
3 彼は新たな工場へ異動する。
4 彼は子どもが3人いる。

解説 第1パラグラフ第2文で I'm going to move to our company's Cherry Road factory next month.（来月、勤務先企業のチェリー通り工場へ異動する予定です）と述べられています。**3** が正解です。

(15) 正解：3

設問・選択肢の訳 ▶ ジム・ピーターソンはどのようにしてツイン・アパートメンツのことを知ったのですか。
1 彼は以前、そのアパートを訪れたことがあった。
2 彼は幼稚園に勧められた。
3 彼はウェブサイトを見た。
4 彼はかつてそこに住んでいた。

解説 第2パラグラフ第1文で I saw your webpage ...（ウェブページを見た）と言っています。**3** が正解です。

(16) 正解：2

設問・選択肢の訳 ▶ ジム・ピーターソンが不動産業者に依頼していることの一つは何ですか。
1 彼の妻に、条件に合った幼稚園について伝える。
2 彼に空き部屋があるかどうか伝える。
3 工場で会う。
4 賃貸料を下げる。

解説 第2パラグラフ第4文で I'd be happy to visit you then to discuss the apartment availability.（御社へお伺いしてアパートの空きについてお話しできれば幸いです）と述べています。**2** が正解です。

3 [B]

> 訳

猫の狩猟道具

　猫は夜行性、つまり夜間に活動し、狩りをします。猫の目は微光の環境に適応しています。しかし、彼らの目がどんな場合にも人間の目より優れているというわけではありません。猫は物の細部を識別できません。これは、近視気味だからだと考えられます。それでも、獲物を見分けるのに十分な視力を持っています。猫は色の識別も得意ではありません。何種かの黄色、青色、緑色を認識できますが、

色の違いをはっきり区別することはできません。こうした色覚の弱さと引き換えに、猫は高い暗視能力を身につけたのです。

猫の網膜の後ろには鏡像細胞があります。仮に網膜が光を一度感知するのに失敗したとしても、鏡像細胞はその光を反射し、網膜がもう一度感知する機会を得るのです。これはつまり、猫が同じ光に2度さらされるということです。そのため、彼らの光の認識力は人間よりもはるかに優れているのです。彼らは私たちと比べて、ずっと暗い条件下で物を見ることができるわけです。

猫は鋭敏な聴覚も備えています。彼らは両耳を自在に動かせるので、音の鳴った場所を簡単に突き止めることができます。私たちにはネズミが出すような高周波は聞こえませんが、猫ははっきりと聞き取れます。

猫は前足を用いて獲物の動きを感知できます。敏感な前足によって感知された微細な情報が脳に伝達されます。その鋭敏な前足に加えて、ひげがもう一つの重要な触覚器官です。猫のひげは、口のそばに生えた太い毛です。何かがひげに触ると、猫は瞬時にそれに気づきます。このように、ひげも猫が狩りをするときに役立つのです。

(17) 正解：1

設問・選択肢の訳▶ 猫の視覚について正しいのはどれですか。
1 猫は高い暗視能力を持っている。
2 猫は異なる動物を区別できない。
3 猫は物がはっきり見える。
4 猫は日光の下で狩りをすることを好む。

解説 第1パラグラフの最終文に、This poor color vision is a price cats pay for having good night vision.（こうした色覚の弱さと引き換えに、猫は高い暗視能力を身につけたのです）とあります。また、同じパラグラフの冒頭から第2文までに、猫は夜行性で夜に物がよく見えることが書いてあります。**1** が正解です。

(18) 正解：3

設問・選択肢の訳▶ 次の記述のうちどれが正しいですか。
1 猫は色を簡単に区別できる。
2 夜間には、人間の目のほうが猫の目よりも優れている
3 目の中の鏡像細胞が、猫が光を感知するのを助ける。
4 猫はまったく色の区別ができない。

解説 第2パラグラフで鏡像細胞の役割を述べています。一度見逃した光をもう一度網膜に感知させるのが鏡像細胞の役割です。**3** が正解です。

(19) 正解：3

設問・選択肢の訳▶ 猫がネズミの声をよく聞き取れる理由の一つは何でしょうか。
1 ネズミの声は低く聞き取りやすい。
2 猫は大きな耳を持っている。

3 猫は高い音を感知できる。
4 ネズミは猫の前では動かない。

解説 第3パラグラフ第3文で We cannot hear very high frequencies such as those made by mice, but cats can hear them clearly.（私たちにはネズミが出すような高周波は聞こえませんが、猫ははっきりと聞き取れます）と述べられています。**3** が正解です。

(20) 正解：4

猫のひげの役割は何ですか。
1 前足の動きを感知すること。
2 口を寒さから守ること。
3 奥行きを調べること。
4 物体を感じること。

解説 第4パラグラフでは、猫の前足とひげの役割が述べられています。第5文に If anything touches the cat's whiskers, it will immediately be aware of it.（何かがひげに触ると、猫は瞬時にそれに気づきます）とあります。**4** が正解です。

リスニング

第1部

No. 1　**4**

> W: Mom's birthday is coming soon. What should we get her?
> M: How about a necklace? She said she wants to buy a necklace she saw on a TV shopping channel.
> W: That would be very expensive. We couldn't afford that even if we combined our money. Any other ideas?
> M: How about an electric slicer? She wants one of those. She cut her finger on the ordinary one she has, but an electric one would be much safer. We could get one from Raphael Hardware tomorrow.
> Q: Why will the girl and boy buy an electric slicer?

訳
女性：お母さんの誕生日、もうすぐね。何を贈ればいいかしら？
男性：ネックレスはどうかな？　テレビショッピングチャンネルで見たネックレスを買いたいって言ってたよ。
女性：あれはとても高価でしょう。2人でお金を持ち寄っても買えないわよ。ほかに何かない？
男性：電動スライサーはどう？　お母さん、1つ欲しがってるよ。今持っている普通のスライサーで指を切ったことがあるけど、電動のならずっと安全だろうから。明日、ラファエロ工具

店で買って来よう。

設問・選択肢の訳▶ 少女と少年はなぜ電動スライサーを買おうとしているのですか。
1 彼らの母親がテレビショッピングチャンネルで見たから。
2 彼らの母親が、持っていた物を壊したから。
3 工具店が特売しているから。
4 彼らの母親が以前、スライサーで問題を起こしたから。

解説 現在持っているスライサーで指を切ったことがあると言っているため、以前に問題があったことがわかります。また、男性が電動のものがより安全だと述べていることからも推測できるでしょう。**4** が正解です。

No. 2　**3**

M: Hello, Mrs. O'Hara. This is Kent. Is Jill there?
W: I'm sorry, Kent. She's gone to see her grandfather.
M: I see. She wanted us to study together in the library from 7 o'clock, but I have to attend a club meeting then.
W: OK. I'll tell her that you can't go to the library.
Q: Why can't Kent meet Jill?

訳
男性：もしもし、オハラさん。ケントです。ジルはいますか。
女性：ごめんなさい、ケント。おじいさんに会いに行ったわ。
男性：わかりました。ジルが7時から一緒に図書館で勉強したいって言っていたんですが、僕、その時間にクラブの会議に出なければならないんです。
女性：わかったわ。あの子に、あなたが図書館へ行けないと伝えるわね。

設問・選択肢の訳▶ なぜケントはジルに会えないのですか。
1 彼はどこで彼女に会えばいいのかわからない。
2 彼は祖父の家へ行かなければならない。
3 彼は会議に出なければならない。
4 彼はテニスの練習をしなければならない。

解説 2人のやり取りから、ケントは7時に図書館でジルに会う約束をしていたのに、その時間にクラブの会議が入って図書館へ行けなくなったことがわかります。**3** が正解です。

No. 3　**1**

W: Excuse me. Is this seat available?
M: Oh, I'm sorry. My friend's coming. He'll be here in a minute. But, if we squeeze up a little bit, there'll be enough room for three.
W: I appreciate it. I couldn't find a seat anywhere.

> *M:* This baseball game's really popular, isn't it!
> *Q:* What will the woman do next?

訳
女性：すみません。この席、空いていますか。
男性：ああ、ごめんなさい。友人が来るんです。もうじき着くでしょう。でも、ちょっと詰めれば、3人座れるだけのスペースができますよ。
女性：ありがとうございます。座席が見つからなかったんです。
男性：この野球の試合、すごい人気ですね！

設問・選択肢の訳▶女性は次に何をするでしょうか。

1 男性の隣に座る。
2 家に帰り、テレビで試合を見る。
3 野球場の職員に抗議する。
4 ほかの席を見つけに行く。

解説 男性が最初に「少し詰めれば座れる」と言っていることから、女性に3人掛けを勧めていることがわかります。また、女性がそれに対して礼を述べています。**1**が正解です。

No. 4　**3**

> *W:* Excuse me. Could you tell me where the shoe department is?
> *M:* Certainly. Women's shoes are on the 5th floor.
> *W:* Oh, actually these are men's shoes. My father asked me to have them repaired for him.
> *M:* Then, you should go to the repair shop. It's in the basement. You can use the stairs to get there.
> *Q:* Why is the woman going to go downstairs?

訳
女性：すみません。靴売り場はどこか教えてもらえますか。
男性：はい。女性ものの靴は5階にあります。
女性：ああ、実は男性ものなんです。父に靴を修理に出してほしいと頼まれたものですから。
男性：それでは、修理店へ行ってください。店は地下にあります。その階段をご利用ください。

設問・選択肢の訳▶女性はなぜ階下へ下りるのでしょう。

1 紳士靴を買うため。
2 婦人靴を買うため。
3 紳士靴を直してもらうため。
4 婦人靴を直してもらうため。

解説 最初に男性が婦人靴売り場を勧めました。しかし、女性は父親の靴を修理に出したいのです。また、会話から地下に修理店があることがわかります。正解は**3**です。

No. 5   **2**

M: Do you work part-time, Kim?
W: Sure thing. I work at the Big Sandwich near the station on weekends. How about you?
M: I'm looking for a job, but I can't find a good one. What's your job like?
W: Well, the salary is reasonable, but I don't like working so late on Saturdays.
Q: What does Kim say about her work?

訳
男性：アルバイトをしてるの、キム？
女性：もちろんよ。駅のそばのビッグ・サンドイッチで週末に働いてるわ。あなたは？
男性：仕事を探してるんだけど、いいのが見つからないんだ。君の仕事はどんな感じ？
女性：そうね、給料はまあまあだけど、土曜日にあんなに遅くまで働くのは嫌だわ。

設問・選択肢の訳▶キムは仕事について何と言っていますか。
1 彼女は平日に楽しんで働いている。
2 彼女はときどき遅くまで働かなければならない。
3 彼女はほかに仕事を見つけられない。
4 彼女の給料は安い。

解説 給料に関しては reasonable（高くないけど、ほどほどの）だと言っていますので、**4** は選択できません。土曜日に遅くまで働くのが嫌だと言っていることから **2** が正解です。

第2部

No. 6   **4**

Attention, please. This is a message for passengers waiting for Atlantic Airs Flight 251 to Alaska. Due to bad weather in Alaska, the flight will be delayed until the snowstorm has ended. According to the forecast, the storm will have passed over the airport in two hours. We apologize for any inconvenience.
Q: What should passengers do now?

訳
お知らせいたします。アトランティック・エアーズ251便、アラスカ行きをお待ちのお客さま。アラスカの悪天候のため、当該便は吹雪がやむまで出発を見合わせる予定です。予報によりますと、この嵐は現地空港を2時間後には通過するとのことです。ご迷惑をおかけしておりますことを、おわび申し上げます。

設問・選択肢の訳▶乗客は今、何をするべきですか。
1 アラスカ行きのチケットを購入する。
2 払い戻しを受ける。

3 アラスカの空港で飛行機を乗り換える。
4 空港で待つ。

解説 アナウンスで、... the flight will be delayed until the snowstorm has ended. (当該便は吹雪がやむまで出発を遅らせる予定です) と述べられていますから、天候が回復すれば出発するはずです。**4** が正解です。

No. 7 **3**

Maria grew up and attended school in a small maritime town in Maryland. When she graduated from high school, she decided to attend college in Seattle. Although she loves Seattle, she sometimes goes back to her hometown to see her parents. While she's there, she enjoys talking with her former classmates and teachers.
Q: Why does Maria go back to Maryland?

訳
マリアはメリーランドの小さな海辺の町で育ち、学校に通いました。高校を卒業すると、シアトルの大学へ進学することを決めました。彼女はシアトルが大好きですが、ときどき帰省して両親に会います。地元に戻っている間は、かつてのクラスメートや先生たちと話すのが楽しみです。

設問・選択肢の訳▶ なぜマリアはメリーランドに帰るのですか。
1 彼女は高校を卒業したいから。
2 彼女はそこの大学に通っているから。
3 両親がそこに住んでいるから。
4 彼女は仕事を見つけなければいけないから。

解説 マリアは高校を卒業したと述べられていますから、**1** は選択できません。また、シアトルの大学に通っているわけですから、**2** も選択できません。**4** の仕事については何も述べられていません。**3** が正解です。

No. 8 **2**

Thank you for shopping at Oriental Pantry. This weekend only, we're offering a special sale on frozen foods. If you buy five frozen food items or more, you'll save another 5 percent on our already discounted prices. If you cannot find what you want, please don't hesitate to ask our staff. Please enjoy your shopping.
Q: How can customers receive an additional discount?

訳
オリエンタル・パントリーにご来店いただきまして、ありがとうございます。今週末限定で、冷凍食品の特売を行っています。冷凍食品を5品以上お求めいただくと、割引済みの価格からさらに5パーセントお得になります。もしお求めの品物が見つからない場合には、ご遠慮なく当店の店員にお尋ねください。お買い物をお楽しみください。

設問・選択肢の訳▶ どのようにして客は追加の値引きを受けられますか。
1 何でも5品買う。

2 冷凍食品を少なくとも5品買う。
3 店員に聞く。
4 ウェブサイトで登録する。

解説 まず、... we're offering a special sale on frozen foods.（冷凍食品の特売を行っています）と述べられており、値引きの対象が冷凍食品であることがわかります。追加の5パーセントの値引きを受けるためにはIf you buy five frozen food items or more, ...（冷凍食品を5品以上お求めいただくと）が条件です。あくまでも冷凍食品に限られていますので、**1**は選択できません。**2**が正解です。

No. 9　**1**

When Takashi went to the United States to study, his English was not very good. He could read, listen, and write, but his speaking ability was limited. Then, he met Peter and joined his study group. Thanks to Peter, Takashi's English has improved dramatically. Now, Takashi can enthusiastically contribute in class discussions.
Q: Why did Takashi's English improve?

訳 タカシが勉強のために渡米したとき、彼の英語力はそれほど優れたものではありませんでした。読んだり聞いたり書いたりすることはできたものの、話す能力には限界がありました。その後、彼はピーターと出会い、彼の勉強会に加わりました。ピーターのおかげで、タカシの英語は劇的に改善しました。今ではタカシは、熱心にクラス討論に参加できます。

設問・選択肢の訳▶ なぜタカシの英語は改善したのですか。
1 彼はピーターのグループに参加した。
2 ピーターが彼に直接、英語を教えた。
3 ピーターが彼と一緒に住んだ。
4 彼は日本で英語学校に通った。

解説 第4文でピーターのおかげでタカシの英語力が改善されたと述べられていますが、その直前で ... he met Peter and joined his study group.（彼はピーターと出会い、彼の勉強会に加わりました）と言っています。私の実際の話です。ネイティブと一緒の勉強会では、最初はついていくのが大変ですが、入っていてよかったと思いました。**1**が正解です。

No. 10　**2**

Hibernation is a state of low activity in winter. Animals hibernate to save energy. During winter, if animals are awake, they have to eat larger quantities of food to keep a warm body temperature. However, food is hard to find. So, some animals in cold climates reduce their metabolisms, and warm-blooded mammals such as squirrels and hamsters hibernate. To protect themselves during hibernation, they

build their nests in areas that they hope predators will find difficult to reach.
Q: Why do some animals hibernate in winter?

> 訳
> 冬眠とは、冬季に活動が低下した状態のことです。動物は冬眠してエネルギーを節約します。冬の間、仮に動物が起きていると、体温を維持するために大量の餌を食べなければなりません。しかし、餌を見つけるのは困難です。そのため、動物の中には寒い時期に代謝を減らす者がおり、リスやハムスターのような恒温動物は冬眠します。冬眠中に自分たちの身を守るために、そうした動物は、捕食者に襲われにくいことが期待される場所に巣を作ります。

設問・選択肢の訳▶ なぜ冬眠する動物がいるのですか。
1 互いに守り合う必要があるため。
2 一年のうちのその時期は餌が少ないため。
3 安全な場所がたくさんあるため。
4 捕食者が少ないため。

解説 動物は冬眠によってエネルギーを温存します。第4文で … food is hard to find.（餌を見つけるのが難しい）と述べています。それを言い換えた **2** が正解となります。

≪ 本冊 50 ページ

Chapter 3　Step Up 大問 1

Step 1　練習問題

(1)　正解：2

　訳　貧しい暮らしをしている人がたくさんいます。彼らは、往々にして食事代を工面できません。

選択肢の訳▶ **1** 富　**2** 貧困　**3** 平均　**4** 災害

　解説　2 文目の They often cannot afford to eat.（彼らは、往々にして食事代を工面できません）から、困窮していることがわかります。**2** を選択してください。選択肢の中に反意語の wealth が入っているので注意してください。なお、「平均的な」という意味では on average を使います。in average ではありません。

(2)　正解：3

　訳　あの新しいレストランは顧客から好意的な評価を受けています。

選択肢の訳▶ **1** 願望　**2** 選択（権）　**3** フィードバック、評価　**4** 権威

　解説　「フィードバック」は日本語になっていますね。favorable は「好ましい」という意味です。**3** が正解です。

(3)　正解：1

　訳　アマゾン熱帯雨林の土地開発は野生生物の生息域を狭めてきました。

選択肢の訳▶ **1** 生息域　**2** 比重、重力　**3** 刃、縁　**4** 局面

　解説　wildlife（野生生物）がキーワードです。野生生物の「生息域」だと考えましょう。**1** が正解です。

(4)　正解：2

　訳　その衣料品会社は市場調査を行いました。

選択肢の訳▶ **1** 結果　**2** 調査、研究　**3** 産業　**4** 原材料

　解説　market research は、すでに「マーケットリサーチ」という日本語になっていますね。「市場調査」です。**2** が正解です。

(5)　正解：3

15

訳 ステープルトン教授は、学生間の交流を積極的に推奨しています。
選択肢の訳▶ 1 誤解　**2** 哲学　**3** 交流　**4** やる気、動機づけ
解説 encourage（推奨する）するものは何かを考えましょう。**1** の misunderstanding は選択できません。また、**2** の philosophy も推奨する対象にはなりません。**4** の motivation は通常は raise motivation（モティベーションを上げる）として raise を使います。生徒間の意見などの交流を促す、とした **3** の interaction が最適です。

Step 2　練習問題

(1)　正解：2

訳 激しい吹雪のせいで、卒業式は来週に延期されました。
選択肢の訳▶ 1 解放された　**2** 延期された　**3** 予約された　**4** 変換された
解説 snowstorm（吹雪）が条件として大事です。「吹雪があったので延期された」と考えるのが自然です。postpone（延期する）の受動態です。**2** が正解です。

(2)　正解：4

訳 ハッブル宇宙望遠鏡は、ブラックホールの理解に貢献してきました。
選択肢の訳▶ 1 向けられた　**2** 傾いた、衰えた　**3** さらされた　**4** 貢献した
解説 understanding は「理解」という意味です。理解することにどうだったのか。**4** の「貢献した」が最適です。なお、contribute to ～で「～に貢献する」という自動詞です。

(3)　正解：2

訳 私はあなたに500ドル借りがある。
選択肢の訳▶ 1 借りる　**2** 借金がある　**3** 集める　**4** 寄付する
解説 選択肢の中で、第4文型で使われる動詞は owe（借金がある）だけです。

(4)　正解：1

訳 あなた方の何人が、小さなハチドリの種の中には数千マイルを移動できるものがいる、ということを知っていましたか。
選択肢の訳▶ 1（鳥などが）渡る　**2** 所有する　**3** 超える　**4** 従う
解説 hummingbird（ハチドリ）は鳥です。これがわかると、数千マイルをどうしたか、理解できるでしょう。**1** の「渡りをする」が正解です。なお、migrate は自動詞ですから、第1文型となります。

(5)　正解：3

> 訳

A：ねえ、リンダ。ブリーフケースを持ってくるのを忘れたんだ。届けさせてもらえないかな？
B：わかった。ローラに、あなたのオフィスに寄ってもらうわ。
選択肢の訳▶※省略

解説 使役動詞 have の後に人を表す語句が来ると「〜（人）に…させる」という意味を表し、動詞の原形を従えます。

Step 3　練習問題

正解：(1)　4　　(2)　1　　(3)　3

> 訳

A：ジャスティン・ビーバーのようだったら、聴衆をもっと熱狂させられるのに。
B：そんなことを言ってないで、自分たちの音楽に集中して、将来に対して前向きにならなきゃ。

選択肢の訳▶
(1) **1** 追加の　**2** ストレスの多い　**3** 普通の　**4** 熱狂的な、夢中になって、熱心な
(2) **1** そうは言っても　**2** 信じられないほど　**3** 残念ながら　**4** 偶然にも
(3) **1** 困惑した　**2** 気乗りしない　**3** 肯定的な、前向きな　**4** 用心深い

解説
(1) ジャスティン・ビーバーを知らなくても、I could make the audience more ... ということから、よい印象を持っていると理解してください。そうすると enthusiastic が最適です。なお、この文では仮定法過去が使われています。
(2) A の文では「〜だったらいいのに」という現実に反する願望が述べられています。それに対して B は「自分たちの音楽に集中しよう」と、現実に戻るよう A をたしなめています。選択肢の中で A の発言をくつがえせるのは **1** の Nevertheless です。
(3) B の文から、この人たちはミュージシャンだな、と推測できると思います。... we have to concentrate on our own music ...（自分たちの音楽に集中しなければならない）からも、前向きな考えを示す単語を選びましょう。**3** の positive が最適です。

(4)　正解：3

> 訳　蒸気機関車は、19 世紀の米国の工業化に著しく貢献しました。

選択肢の訳▶ **1** うっかり、偶然に　**2** 一時的に　**3** 著しく　**4** 緊急に

解説 工業化に蒸気機関が貢献したことは知っていると思います。すべての単語がわかっている場合には、即座に **3** を選択できるでしょう。contributed（貢献した）ということから、貢献の度合いを述べている **3** の significantly が正解です。

(5) 正解：1

訳 テレビの歌唱コンテストの直前、トレーシーはあまりにも緊張して観客を見ることができませんでした。

選択肢の訳▶ 1 緊張した、上がった　2 自信のある　3 円熟した　4 心地よい

解説「so ~ that ...」構文です。観客を見ることができなかったのは nervous になっていたからです。なお、ほかの選択肢はポジティブな意味合いの単語です。唯一 nervous がネガティブな意味を持つ単語です。

Step 4　練習問題

(1) 正解：2

訳 フレデリックはマクロ経済学を専攻しています。

選択肢の訳▶ ※省略

解説 major in ~ で「~を専攻する」です。2 が正解です。ほかの選択肢では major を使った句動詞を作りません。

(2) 正解：3

訳 スーザンはスーパーでいとこに出くわしました。

選択肢の訳▶ ※省略

解説 come across は「偶然に出会う、ふと見つける」の意味です。come は非常に多くの熟語を作りますから、出合ったら覚えるようにしてください。なお、come down は「(物が) 落ちてくる、(雨などが) 降る」、come in は「入る、入場する」、come back は「帰る、思い出させる、復活する」などの意味です。

(3) 正解：1

訳 上司は私に直接出向くように言いました。私の昇級についての話をしなければならなかったからです。

選択肢の訳▶ 1 本人が直接　2 返礼として　3 要するに　4 体調がよく

解説 in person は「自ら、本人が直接」という意味です。「昇級についての話だったので」という because 以下が重要です。代理人ではなく自分自身で来なさい、と言われたのです。

(4) 正解：4

訳 その損害は台風 22 号によってもたらされました。

選択肢の訳▶ ※省略

Chapter 3　実践力を高めよう！　≫ Step Up 大問 1

解説 bring about は「〜をもたらす、引き起こす」という意味です。「台風によってもたらされた」ということで、受動態になっています。**4** が正解です。なお、bring down は「〜を下ろす」、bring up は「〜を連れてくる、（子供を）育てる」、bring around は「〜を連れてくる、〜の意識を回復させる」などの意味です。

(5)　正解：3

訳　ジョンと私は大学時代とてもよい友人同士だったので、卒業後もお互いに連絡を取り合っています。

選択肢の訳▶ 1 〜を見た　　**2** 〜を見張った、〜に気をつけた
　　　　　　3 〜と連絡を取り続けた　**4** 〜を笑いものにした

解説 such 〜 that ... の形で「とても〜だったので…だ」という意味です。friendly（友好的）だったわけですから、**3** の「連絡を取り続けた」が正解です。

Step 5　練習問題

(1)　正解：1

訳　マークは昨夜、2時間しか眠りませんでした。にもかかわらず、水泳チームの運動能力試験に合格できました。

選択肢の訳▶ 1 それにもかかわらず　**2** さもなければ　**3** このように　**4** それゆえに

解説 a couple of hours（2時間）というのがキーです。2時間だけなのに頑張った、という意味で nevertheless が選択できます。**1** が正解です。

(2)　正解：3

訳　アンソニーは、いつも彼の人生はみじめなものだと思っていました。間もなく、彼の発明が事態を変えることになるとは思っていませんでした。

選択肢の訳▶ ※省略

解説 little が文頭に来ると、文の語順が倒置します。little が「ほとんど〜ない」の意味の否定語だからです。通常の語順だと He knew little that ... となります。これは「少し知っていた」のではなく「ほとんど知らなかった」という意味です。**3** が正解です。

(3)　正解：3

訳　スーザンは車を修理してもらっている間、港へ釣りに行った。

選択肢の訳▶ 1 修理するだろう　**2** 修理した
　　　　　　3 修理されていた　**4** 修理が終わっているだろう

解説 while は、「〜している間に」と言うときに使います。when がある時点を表すのに対して、while は長さのある期間を示しているのです。ですから、while が導く節

では進行形が使われることが多いのです。**3** が正解です。

(4) 正解：2

訳 A：ねえ、ジュン。このバケツを代わりに車へ運んでくれない？ とても重いのよ。
　　　B：かまわないよ、ベス。

選択肢の訳▶※省略

解説 Would you mind ～? は「～をしていくれませんか」という意味の依頼の表現として使われます。mind には動名詞が続きます。**2** が正解です。

(5) 正解：3

訳 A：きょうの午後、客先を訪問する予定なんです。何か質問があれば、ロニーに聞いてください。
　　　B：楽しんできてください！

解説 should を用いた仮定法の文の倒置です。「万が一～ならば」という意味で should を使うことがあります。**3** が正解です。

Chapter 3　Step Up 大問 2 & 3

Step 3　練習問題

1

> **訳**
>
> **シェーカー家具**
>
> 　シェーカー家具とは、18世紀末後半にイングランドで、そしてその後に米国で生まれた宗派シェーカーの教徒らによって作られる家具の様式です。彼らは質素で倹約的な生活を送りましたが、このことが、彼らの家具の簡素で装飾のないデザインに反映されています。シェーカー教徒は個人的な富を得ることを信奉しませんでした。正確には、彼らの財産は共有化されていました。シェーカー教の活動は19世紀後半に衰えました。しかし、教徒たちが共有した生活方法は、独特の様式を持つ家具を生み出したのです。今日、当時のシェーカー家具は、特にマサチューセッツ州ハーバードのフルートランズ博物館グループの手で保存されています。
>
> 　シェーカー家具は、簡素な機能美をたたえています。装飾的な要素がないので、軽くて持ち運びが容易です。シェーカー教徒は装飾を、不誠実な、虚構の印と見なしていました。彼らは機能の重要性を信奉し、どのような家具でもその外見は機能に基づくべきだと考えていました。例えば、椅子の主たる機能は着座中に快適さを提供することです。この機能を追求するために、シェーカー教徒たちは、装飾的な肘掛けのような余計な要素を取り払いました。こうした機能主義はシェーカー家具の根本であり、後の工芸職人技術に影響を与えました。
>
> 　米国の木工職人サム・マルーフは、機能主義者でした。第二次世界大戦後、彼はシェーカー家具を発展、洗練させました。彼はステレオ用のキャビネットやコーヒーテーブル、たんす、そして椅子を製作しました。彼の手による上品に湾曲した揺り椅子の一つは、ホワイトハウスで米国大統領たちに使われました。1985年に、彼はマッカーサー基金の奨学金を授与され、工芸職人として初めてその栄誉にあずかりました。

(1)　正解：1

選択肢の訳▶

1　個人的な富を手にすること
2　個人の所有物を配ること
3　株式市場に投資すること
4　彼らの個人所有物を売ること

解説　空欄を含む文は Shakers did not believe in ...（シェーカー教徒たちは〜を信じていませんでした）という否定文です。続いて Rather, their property was held in common ownership.（正確には、彼らの財産は共有化されていました）と書かれていますから、個人的な資産を手に入れることに否定的だったのです。ですから、「個人的な富を手にすること」とした **1** が正解になります。否定文ですから気をつけましょう。

(2) 正解：4

選択肢の訳▶
1 多くの余分な要素を加えた
2 美を崇拝した
3 物品を開発した
4 余分な要素を取り払った

解説 シェーカー家具はシンプルだと書かれています。機能性を重視したシンプルな家具では such as decorative arms（装飾的な肘掛けのような）飾りはいりません。**4** が正解です。

(3) 正解：2

選択肢の訳▶
1 拒絶し、忘れ去った
2 発展させ、洗練させた
3 不満を述べ、捨て去った
4 購入し、飾り立てた

解説 第3パラグラフ第1文に Sam Maloof, an American woodworker, was a functionalist.（米国の木工職人サム・マルーフは、機能主義者でした）と書かれています。functionalist は functionalism に基づくシェーカー家具職人の流れをくんでいることは理解していると思います。その流れをさらに発展させたとする **2** が正解です。

2

訳

送信者：ダニエル・マッコネル <mcconnell-d@senatorial.com>
宛先：サミュエル・フランケン <franken-sam@senatorial.com>
日付：2016年10月14日
件名：ノー残業デー

こんにちは、サム。
きのうは素晴らしい日だったね。うちの工場の誰もが、バーベキュー大会を楽しんだようだ。これで、工場で働く人たちと管理部門のスタッフがより緊密な協力関係を築ければいいと思う。生産管理者として、部下に生産性を向上させるように求めることがとても難しいのはわかっているよ。でも、このような活動を通じて、きっとみんなの、連帯して働こうという意識が向上するだろう。
ところで、「ノー残業デー」の導入を考えてほしい、と言っていたね。僕は素晴らしい考えだと思う。水曜日を充ててはどうだろうか。ウェスタン・トーイズ社のトミー・デービスが言うには、彼の会社も「ノー残業デー」を水曜日に設けているそうだ。明朝に、何曜日にするか話し合おう。10時に僕のオフィスでどうかな？

もう一つ、いい話！　昨年8月に夜間勤務を導入してから、生産量がすごく増えてるんだ。うちの新製品の需要増大に対応できている。これに関連して、シカゴ事務所のハッチ副社長から、ちょうど電話を受けたところ。彼いわく、会社としてこの業績を祝う予定だそうだ。そして、僕たちはボーナスをもらえるよ！　彼は11月5日にこちらへ来るそうなので、2階の会議場でパーティーを開く予定だ。彼はそこでスピーチするつもりだと言ってたよ。詳しい話は明日ということで。

人事部
ダニエル・マッコネル

(1)　正解：2

設問・選択肢の訳▶ダニエル・マッコネルとサミュエル・フランケンは最近
1　工場管理者に昇進した。
2　会社のピクニックをした。
3　数名の従業員を雇った。
4　同じ会社に入った。

解説　第1パラグラフは、バーベキューピクニックをやってよかった、という内容です。2が正解です。ほかの選択肢に関することは書かれていません。

(2)　正解：4

設問・選択肢の訳▶翌日の会議では何が話し合われるでしょうか。
1　次のバーベキューパーティー。
2　生産性を向上させる方法。
3　ウェスタン・トーイズ。
4　特別な労働時間に関する計画。

解説　選択肢4のworktime plan（労働時間のプラン）の意味がわかれば、メール本文の「ノー残業デー」についての記述に照らして、4を選択できるでしょう。

(3)　正解：3

設問・選択肢の訳▶なぜ副社長が工場に来るのでしょうか。
1　彼は夜間シフトを手伝うつもりだ。
2　彼は従業員たちに直接ボーナスを手渡す予定だ。
3　彼は工場の業績を祝う予定だ。
4　彼は新製品を展示するつもりだ。

解説　第3パラグラフには主に、生産がうまくいったことによる会社からの褒美について書かれています。ボーナスが出てパーティーが開かれる、とあります。副社長は ... he will give a speech there.（そこでスピーチするつもりだ）と言っているのですから、3の「工場の業績を祝う予定だ」が正解となります。

3

> 訳

食料や餌としての昆虫

　国連食糧農業機関 (FAO) は、現在 70 億人に上る世界人口のうちの 10 億人が恒常的に飢えていると見積もっています。状況は悪化するかもしれません。全世界の人口は、2050 年に 90 億人に届くと見られています。これは、現在よりも 20 億人多い数です。気候変動や畜牛の過放牧、海洋での魚の乱獲に関連して、人類はどうやってこの爆発的な人口増加に対処し、また食料安全保障を確立できるのでしょうか。一つの答えが「昆虫を食べる」ことです。

　一見すると不快ですが、昆虫は人間社会で重要な役割を果たしてきました。中には、蜂のように受粉を媒介する者もいます。つまり、花の雄の部分を同種のほかの株の雌の部分に運び、植物を繁殖させるわけです。また、アリなどの昆虫は土壌を耕します。ほかにも、蚕は織物の糸を作り出します。正確には昆虫ではありませんが、クモも人間の役に立っています。蚊のような害虫を駆除するからです。ミツバチは蜂蜜を提供してくれます。昆虫が人間にもたらすこうした恩恵に加えて、将来、昆虫はより直接的に私たち人間を助けてくれる可能性があります。私たちには、急速な人口増加や気候変動、森林伐採、野火などに耐える代替食料資源が必要なのです。一つの解決策は、「昆虫を養殖する」ことです。

　この解決策を採るべきだと考える根拠として説得力があるのは、昆虫の飼料転換効率（体重に転化される餌の量）が高いことです。コオロギは、たった 2 キログラムの餌があれば体重を 1 キログラム増やせます。一方、鶏は 2.5 キロ、豚は 5 キロ、牛は 10 キロの餌が必要です。さらに、食用にできる肉体量の率は昆虫のほうがずっと大きいのです。人間はコオロギの体の 80 パーセントを食べることができますが、鶏や豚では 55 パーセント、食用牛だとわずか 40 パーセントしか食べられません。つまり、食料として、コオロギは鶏の 2 倍、畜牛の 10 倍、効率的なのです。

　さらに、昆虫は高い栄養価を備えています。良質の脂肪、タンパク質、ビタミン、そしてミネラルが豊富です。昆虫は、すでに養殖魚の餌に使われています。ですから、人間は今でも間接的に昆虫を食べているのです。2050 年までには、大半の人々が、この貴重な食料資源から、より直接的に恩恵を受けるようになると期待されています。

(1)　正解：1

設問・選択肢の訳▶ この文章によると、次のどの記述が適切ですか。

1　2050 年には、より多くの人々が飢餓に直面するかもしれない。
2　食料安全保障の欠如が原因で、人口は増加しないだろう。
3　FAO は世界の人口を抑制するだろう。
4　FAO は食料安全保障を容易に確立するだろう。

解説　第 1 パラグラフの要旨は、人口の増加により食料問題が深刻化するということです。第 1 文には、すでに 10 億人が飢餓にひんしていることが書かれており、第 3 文から、人口がさらに増加すると予想されることがわかります。第 2 文に The situation may get worse.（状況は悪化するかもしれません）と書かれています。ですから、**1** が正解となります。

(2)　正解：3

設問・選択肢の訳▶ この著者の考えでは、昆虫は
1 蜂蜜を作るためだけに重要だ。
2 森林伐採が原因で姿を消す。
3 多くの点で人間に恩恵を与えてきた。
4 野火の後で新しい食料資源が必要だ。

解説 第2パラグラフでは、人間が昆虫に助けられていることが述べられています。この先さまざまな問題を抱えた人間社会が、さらに昆虫から恩恵を受けるだろう、という内容です。第1文の Though seemingly unpleasant, insects have played a key role in human society.（一見すると不快ですが、昆虫は人間社会で重要な役割を果たしてきました）を言い換えた **3** が正解です。やさしい問題ですから、落とさないようにしましょう。なお、2の「森林伐採」、4の「野火」については、人間の食糧資源の問題として述べられていますが、昆虫との関わりでは述べられていません。

(3) 正解：2

設問・選択肢の訳▶ なぜ筆者は、昆虫が食料資源として効率的だと言っているのですか。
1 捕まえるのに費用はあまりかからない。
2 成長するために必要な餌が比較的少なくて済む。
3 体を容易に食料に加工できる。
4 食用牛を飼育するよりも昆虫の飼育のほうがずっと楽だから。

解説 第3パラグラフでは、昆虫の食料資源としての有効性が述べられています。その理由として feed conversion efficiency（飼料転換効率）の高さが挙がっています。これを言い換えた、**2** が正解となります。

(4) 正解：4

設問・選択肢の訳▶ 次のどの記述が昆虫について当てはまりますか。
1 昆虫は脂肪が多すぎて消化できない。
2 2050年までに、人々は昆虫を食べることができなくなるだろう。
3 2050年には、もはや昆虫が餌として魚に与えられることはなくなるだろう。
4 人々はすでに、多くの昆虫を間接的に食べている。

解説 第4パラグラフでは、第3パラグラフに続いて、昆虫食の利点が述べられています。第3文に ... so we are already eating insects indirectly.（ですから、私たちはすでに昆虫を間接的に食べているのです）とあります。**4** が正解です。少し悩む点があるとすれば、選択肢にある a lot of insects（多くの昆虫）という量の問題で少し迷うと思いますが、ほかの選択肢の記述内容はどれも本文中で述べられていませんから、**4** を選択してください。

Chapter 3　Step Up ライティング

Step 8　練習問題

(1) 解答例

I think tourists' behavior will improve in the future. First, education can change the situation easily. Right now, tourists sometimes behave pretty badly in public places. The problem is that they do not know how to behave appropriately in certain circumstances. We can use the Internet to educate them. Second, tour guides may help correct any unsuitable behavior. When I went to Bangkok, I rang a bell in the temple and everyone was surprised at the sound. The guide told me the bell shouldn't be rung. As a conclusion, I do believe tourists' behavior will be better in the future.（100 語）

TOPIC の訳▶ 近年、人々は公共の場での観光客のマナーについて不平を述べます。将来、観光客のマナーは今よりも悪化すると思いますか。

POINTS の訳▶ 観光　教育　観光ガイド

解答例の訳▶

私は将来、観光客の振る舞いは改善すると思います。第1に、教育が状況を容易に変えることができます。現状では、観光客は時折、公共の場でひどく行儀悪く振る舞うことがあります。問題は、彼らが一定の状況下での適切な振る舞い方を知らないことです。私たちは、インターネットを用いて彼らを教育することができます。第2に、観光ガイドが不適切な振る舞いを正せるかもしれません。私はバンコクに行ったときに、寺院の鐘を鳴らしてしまい、皆がその音に驚きました。ガイドは私に、鐘が鳴らされるべきではないと教えてくれました。結論として、私は観光客の振る舞いが、将来、よりよいものになると思っています。

解説 解答例では、ポイントを教育と観光ガイドに絞っています。理由の第1点と第2点は非常に似ていますので、下書きをしっかりしないといけないと思います。インターネットやガイドによる教育でマナーを直すということです。

(2) 解答例

I do not think it is a good idea to play video games on a smartphone. First, it was surprising that my phone bill exceeded 20,000 yen a year ago. Because of this high bill, my mother limited my access to the Internet. Second, when I was playing games, I did not talk much with my parents or friends. After a while, I noticed that I started to lose friends. Further, my grades declined sharply because I was studying less. In short, playing video games damaged my school life and it may do the same to other people.（98語）

TOPIC の訳▶近年、人々はスマートフォンでテレビゲームを楽しんでいます。人々がテレビゲームをするのは、いいことだと思いますか。

POINTS の訳▶費用　コミュニケーション　勉強時間

解答例の訳▶

スマートフォンでテレビゲームをするのがいいことだとは思いません。まず、驚いたことに、私の電話代が1年前に2万円を超えてしまったのです。この高額料金が原因で、母は私のインターネットへの接続を制限しました。第2に、私はゲームに夢中になって、両親や友人らとあまり口を利きませんでした。しばらくして、私は友人たちを失い始めたことに気づきました。さらに、勉強量が減っていたため、私の成績は急激に落ちてしまいました。つまり、テレビゲームをすることで、私の学校生活に支障が出たのです。同じことが、ほかの人たちにも起こるかもしれません。

解説　ゲームをするのが悪い、という前提があるような TOPIC です。解答例では、コストとコミュニケーション、さらに、勉強時間のことにも触れられています。3つの理由が挙げられていますが、よい内容だと思います。なお、ゲームをするのはいいことだ、という解答もアリです。*Scientific American* の2016年7月号に「ゲームにより認知能力 (cognitive skills) が向上する」という趣旨の記事が掲載されていました。また、協調型のゲームはコミュニケーション能力の開発に役立つかもしれません。理由をはっきりさせれば、問題ありません。しかし、自分がゲームを好きだから、というのは理由にはならないと思います。

(3) 解答例

I do believe that the number of working students will increase in the future. First of all, many students have to pay living expenses themselves because their parents cannot pay for their children's college life. Thus, students have to work to support themselves. Second, the number of students who work on paid internships will increase. Now, many companies offer internships. Students who want to work for these companies are willing to do an internship in the hope that it will lead to a full-time job. For these reasons, I think the number of students who do part-time jobs will increase.（100語）

* internship：実務研修、インターンシップ（通例、給与は支払われない）

TOPIC の訳▶ 近年、多くの日本の大学生がアルバイトをしています。こうした学生の数が増えると思いますか。

POINTS の訳▶ 生活費　経験　勉強時間

解答例の訳▶
将来、働く学生が増えるだろうと強く思っています。第1に、大勢の学生が自分で生活費を払わなければなりません。親が子どもの大学生活の面倒を見られないからです。そのため、学生たちは働いて自活しなければならないのです。第2に、有給のインターンシップに従事する学生数が増えるでしょう。現在、多くの企業がインターンシップを提供しています。そうした企業で働きたい学生たちは、正規の就職につながる可能性を期待して、進んでインターンシップに参加します。こうした理由から、アルバイトをする学生の数は増えるだろうと思います。

解説　ポイントは2点です。生活費と経験です。この2点に基づき、アルバイトをする学生数が増えるという解答例になっています。増加するという立場での解答では、study hours（勉強時間）をポイントに使いにくいと思います。増加しないという立場での解答なら、勉強時間をポイントにするのは有効でしょう。

Chapter 3　Step Up リスニング

≪≪ 本冊 137 ページ

Step 2　練習問題

No. 1　**1**

W: Hi Tom, are you going to take the advanced art class next semester?
M: I'm not sure. I got a bad grade on classical European art.
Q: What is the man's problem?

訳
女性：こんにちは、トム。来学期に上級の芸術の授業を取るの？
男性：どうかな。古典ヨーロッパ芸術の成績が悪かったんだ。

設問・選択肢の訳▶男性の問題は何ですか。
1 ある芸術の授業で成績が低かった。
2 大学を中退しなければならない。

解説　男性の I got a bad grade on classical European art.（古典ヨーロッパ芸術で成績が悪かった）から、**1** が選択できます。成績が悪いからといって **2** の「中退」までは会話で述べられていません。

No. 2　**2**

M: Excuse me. I want to borrow this book. Here's my library card.
W: Oh, sorry. I can't lend you a book. You haven't returned "Nature in Africa" yet. That was due yesterday.
Q: What does the woman say?

訳
男性：すみません。この本を借りたいのですが。これ、図書館カードです。
女性：ああ、ごめんなさい。あなたには貸し出せません。まだ『アフリカの自然』を返却してくれていないので。きのうが期限だったんですよ。

設問・選択肢の訳▶女性は何と言っていますか。
1 男性はほかの本を借りたほうがいい。
2 男性は借りた本を返していない。

解説　女性は You haven't returned "Nature in Africa" yet.（まだ『アフリカの自然』を返却してくれていない）と言っています。**2** が正解です。

No. 3　**2**

M: Honey, we had a good time at the museum yesterday. Shall we go to the zoo today?
W: I want to be more active. Since the weather is so nice, why don't we go to the beach instead?
Q: Where does the woman want to go?

訳
男性：ねえ、きのうは博物館で楽しく過ごしたよね。きょうは動物園へ行こうか。
女性：もっと活動的になりたいわ。天気がとてもいいから、代わりに海岸へ行かない？

設問・選択肢の訳▶女性はどこへ行きたいのですか。
1 動物園へ。
2 海岸へ。

　解説　女性が Why don't we go to the beach instead?（代わりに海岸へ行かない？）と言っていますから、**2** が正解です。Why don't you ～? や Why don't we ～? は提案をするときに使います。

No. 4　**2**

M: Hello. Smith Office Supplies.
W: This is Tokyo Toys. I'm calling because we can't use a printer. At first, I thought it had run out of ink. But it hadn't. Would you come and fix it?
Q: What does the woman ask the man to do?

訳
男性：もしもし。スミス・オフィス・サプライズです。
女性：トーキョー・トーイズと申します。プリンターが使えないので電話しています。初めはインクがなくなったのだと思ったのですが、そうではありませんでした。直しに来ていただけませんか。

設問・選択肢の訳▶女性は男性に何を依頼していますか。
1 プリンターのインクを持ってくる。
2 機械を修理する。

　解説　女性が、インクがなくなったのだと思ったが、But it hadn't.（でも、そうではありませんでした）と言っています。Would you come and fix it?（直しに来ていただけませんか）と言っていますから、**2** が正解です。fix が repair と言い換えられています。

No. 5　**2**

30

均一に浸透します。これによって、物質――この場合は牛乳――の全体が素早く加熱されます。つまり、牛乳の加熱に必要な時間とエネルギーが少なくて済み、結果的にコストを削減できるのです。また、牛乳が均一に加熱されるため、熱損傷によって失われる牛乳の量も減らせます。それに、マイクロ波を使うと、かなり工程を制御しやすくなります。従来の殺菌法では、炎のような加熱面が必要です。ひとたび高温になると、そうした加熱面を冷やすのには時間がかかります。対象的に、容積マイクロ波加熱では、瞬時にスイッチを入れたり切ったりできるのです。

(24) 正解：3

選択肢の訳▶

1 比較的少量が供給された
2 対象となる液体から遠い
3 過度に、あるいは長時間作用された
4 工程の一部として使われた

解説 空欄の続きの ... or it will simply boil all the liquid away.（それをすると簡単に水分が蒸発してしまいます）がキーです。また、空欄の直前は The heat must not be ... ですから、heat（加熱）にとって「あってはいけない」ことを選択するのです。**3** の excessive or applied for a long time（過度に、あるいは長時間作用された）が正解です。

(25) 正解：4

選択肢の訳▶

1 より少量の液体
2 承認を受けるための多大な努力
3 ますます改善された道具
4 かなりの時間とエネルギー

解説 第2パラグラフは「従来型の殺菌方法ではムラができる」という内容です。空欄の後には ... and some portion of the milk is lost to heat damage.（そして、牛乳の一部が熱損傷によって失われてしまう）となっています。これほど過度の加熱状況を作り出す殺菌方法では、**4** の considerable time and energy（かなりの時間とエネルギー）が費やされると考えられます。

(26) 正解：2

選択肢の訳▶

1 実験されていない理論
2 その他の従来の表面加熱法
3 液体を冷ますための方略
4 より高度な種類の試験

49

解説 第3パラグラフは、第2パラグラフで述べられれている「ムラやロス」をなくすためには「マイクロ波」が使える、という内容です。空欄を含む文は「従来の方法に代えてマイクロ波が使われる」ということなので、空欄は conventional（従来の）で始まる第8文 Conventional pasteurization requires a flame or heated surface.（従来の殺菌法では、炎のような加熱面が必要です）を言い換えていると考えられます。**2** の other conventional heating surfaces（その他の従来の表面加熱法）が正解です。挿入問題では、このように挿入箇所から少し離れたところにヒントがある場合があります。

3 [A]

> **訳**

差出人：ジェナ・スミス <j.smith@powerzonemail.net>
宛先：H1エース・ツアーズ < info@ h1acetours.com>
日付：2016年6月27日
件名：御社のツアー
ご担当者さま
御社のウェブサイトを拝見し、カリブ海クルーズのいくつかに興味を持ちました。価格設定が多岐にわたっており、また特別団体割引も利用できるとのことですが、割引率がさまざまです。うちの家族は、別の4家族と一緒に御社のクルーズの1つに参加したいと考えています。その場合、団体割引が適用されるのでしょうか。もしも適用されるのであれば、最終的な価格はいくらになるのでしょうか。
また、この5家族すべてが同じ階に隣り合って部屋を取れるのかどうかも知りたく存じます。私たちは皆、高校時代からの友人同士なので、このように一緒に旅行するのが好きなのです。
基本的に、できるだけ費用を節約したうえで、楽しく過ごしながら世界を垣間見たいと思っております。ところで、それぞれの子どもたちも、もちろん、一緒に行きます。子どもたちは、パスポートを取得したばかりで、彼らにこのツアーで視野を広げてもらいたいのです。折り返しメールか電話で、このようなことが可能かお知らせください。
よろしくお願いいたします。
ジェナ・スミス

(27) 正解：3

設問・選択肢の訳▶ ジェナ・スミスが旅行代理店に頼んでいることの一つはどれですか。
1 自分たちのもともとのクルーズの予約内容を変更する。
2 自分たちの口座情報を更新する。
3 価格について相談に乗る。
4 ほかのグループへの参加方法を説明する。

解説 第1パラグラフ最終文で ... we are also wondering what the final price would be.（最終的な価格はいくらになるのでしょうか）と述べられています。**3** が正解です。

(28) 正解：4

設問・選択肢の訳▶ ジェナ・スミスと夫について当てはまるのはどれですか。
1 彼らは高校時代の友人たちと同じアパートに住んでいる。
2 彼らは家族のウェブサイトを更新した。
3 彼らは2人とも高校で教えている。
4 彼らはクラスメートたちと連絡を取り続けている。

解説 第2パラグラフ第2文で All of us have been friends since high school, ...（私たちは皆、高校時代からの友人同士なので）と述べています。**4** の They keep in touch with their classmates.（クラスメートたちと連絡を取り続けている）が、このことを言い換えています。

(29) 正解：2

設問・選択肢の訳▶ ジェナ・スミスの子供たちは最近
1 クルーズ会社で働き始めた。
2 旅行用の書類を取得した。
3 世界中を旅行した。
4 短いクルーズを終えた。

解説 第3パラグラフ第2文で ... they have just received their passports, ...（子どもたちは、パスポートを取得したばかりです）と述べられています。**2** の some travel documents（旅行用の書類）が passports を言い換えています。

3 [B]

訳

社会的動物の争い

　社会的動物は群れで暮らすことによって、捕食者や厳しい自然環境から身を守ったり、移住を容易にしたり、食料の獲得に支援を受けたりします。とはいえ、社会的動物の群れの中では、緊張関係や対立状態が起こりがちです。ハイエナの群れを支配する序列1位の雌は、時折、群れのほかの個体に戦いを挑まれることがあります。リーダーはいないものの、イルカの群れは、血縁などの結びつきに基づいて、敵対し合う小集団に分裂することがあります。

　群れを作らない同種の動物と同じく、ライオンのような縄張りを持つ社会的動物は、積極的に領土を守ろうとします。しかし、最も攻撃性の高い動物でさえ、持てる縄張りの大きさには限度があります。正確に言うと、縄張りの広さを決めるのは、その動物の、境界域にマーキングしてそれを防衛する能力なのです。

　とはいえ、最新の研究によると、社会的動物の中にはこの問題を克服し、縄張りを拡大できる者がいるといいます。ウガンダの、あるチンパンジーの集団は、たった一夏で2.5平方マイル縄張りを広げました。もともとそこを縄張りにしていたチンパンジーたちは、追い払われ、場合によっては取り囲まれて、殺されてしまいました。この「侵略者たち」は、驚くべき、人間顔負けの戦術を弄したの

です。それには、パトロールや奇襲攻撃のように見える行動とともに、獲得済みの領土から食糧を供給することも含まれていました。

　専門家の中には、こうした事例をもって、チンパンジーが人類出現以前の戦闘の一種を体現している証拠だと指摘する人もいます。この観点から言えば、人類の戦争は単に霊長類の生態が自然に発展したものだということになります。しかし、別の科学者らは、この考え方を受け入れないように警告しています。そもそも、たった1つのチンパンジーの亜種しか、この実地調査の対象になりませんでした。加えて、チンパンジーの群れというのは流動的なものです。実際、複数の個体が、時とともにある群れから別の群れへと移動することがあるのです。この点から、こうしたチンパンジーの行動は、単なる種内競争だと見なすことができます——例えば、セイウチや鹿が（種内で）互いに戦いを挑み合うのと同じです。目下のところ、人類が唯一、大規模に領土の拡大を計画・実行する種であると証明されているのです。

(30) 正解：3

設問・選択肢の訳▶ 社会的動物に当てはまることの一つはどれですか。
1 それらは常に互いに友好的に暮らしている。
2 イルカのように、それらには強い雌のリーダーがいる。
3 それらは独居性の動物よりうまく長距離を移動することができる。
4 それらは群れを離れようとする個体に戦いを挑むことがある。

解説 第1パラグラフ第1文に Living in groups ... makes migration easier ...（群れで暮らすことによって……移住を容易にしたり）と書かれています。この migration（移住、渡り）が **3** の travel long distances（長距離を移動する）に当たります。**3** が正解です。一方、第2文で ... tensions and rivalries ... are common.（緊張関係や対立状態が起こりがちです）と述べられていますから、**1** は間違い。第4文で While, though leaderless, dolphin pods ...（リーダーはいないものの、イルカの群れは）と述べられていますから、**2** も間違い。第3文では the alpha female（序列1位の雌）が戦いを挑まれるとあり、群れを抜けようとするメンバーが挑まれるのではないので **4** も間違いです。

(31) 正解：4

設問・選択肢の訳▶ 動物の縄張りの大きさが限られていることについてどんな理由が挙げられていますか。
1 動物は、戦いにつながる可能性のある状況を避けようとする。
2 動物は、通常ほかの動物たちと争わない。
3 縄張りの境界は、環境の種類によって変わる。
4 大きくなりすぎた領域を注意深く見張るのは難しい。

解説 第2パラグラフは territory（領土）の話です。第2文に However, even the most aggressive animals have a limit as to territory size.（しかし、最も攻撃性の高い動物でさえ、持てる縄張りの大きさには限度があります）とあります。それを説明

し直した **4** が正解です。一方、第 1 文で … will aggressively defend a space.（積極的に領土を守ろうとします）と言っていますから、**1** と **2** は間違い。**3** は述べられていません。

(32) 正解：2

設問・選択肢の訳▶ウガンダのチンパンジーの群れは、どうやって縄張りを広げましたか。
1 それまで何も生息していなかった区域に侵入することで。
2 組織的な方法を使って外敵に対抗することで。
3 人間の行動を見て学んだ戦略を使うことで。
4 何度も夏を経て徐々に成長することで。
解説 第 3 パラグラフでは、ウガンダのチンパンジーの群れがどのようにして領土を拡大するかが述べられています。第 4 文で The "invaders" displayed startling human-like tactics, …（この「侵略者たち」は、驚くべき、人間顔負けの戦術を弄したのです）と述べられています。この戦術には patrol（パトロール）や ambush（不意打ち）などがあります。これを organized（統制の取れた、組織的な）と表現した **2** が正解です。なお、第 3 文では The chimpanzees which had previously occupied the space were chased off, …（もともとそこを縄張りにしていたチンパンジーたちは、追い払われ）と述べられていますから、**1** は間違い。human-like（人間のような）とは書かれていますが、人間をまねたとは書かれていないので、**3** も間違い。第 2 文に … over the period of just one summer（たった一夏で）と書かれているので、**4** も間違い。

(33) 正解：4

設問・選択肢の訳▶実地調査が示していることの一つは何ですか。
1 チンパンジーの亜種は、互いに非常に似ている。
2 ウガンダのチンパンジーの行動は、戦争の起源を明確に表している。
3 チンパンジーの極端な暴力は、動物の中では異例だ。
4 チンパンジーの行動を人間の行動になぞらえる考え方には議論の余地がある。
解説 第 3 パラグラフで示された実地調査の内容の分析が、第 4 パラグラフで述べられています。第 1 文と第 2 文では、チンパンジーの行動を人間の行動と関連づけて述べています。それに対して、第 3 文から反論が始まります。第 8 文では At present, humans are the only species …（目下のところ、人類が唯一の種で）と、チンパンジーの行動が人間のものとは異なることが述べられています。**4** の Theories … are disputable.（……という考え方には議論の余地がある）が正解です。なお、第 4 文から、実地調査では一種の亜種だけが対象となったことがわかるので、**1** は間違い。**2** の選択肢には clearly（明確に）という語が使われています。しかし、この内容にはパッセージ中で異論が指摘されていることから、**2** は間違い。第 7 文には … in the same way

that, for instance, a walrus or deer may challenge another.（例えば、セイウチや鹿が［種内で］互いに戦いを挑み合うのと同じです）と述べているので、**3** の unique among animals（動物の中では異例）は、間違い。

3 [C]

訳

潮汐力

　大半の人が、地球上の水域、とりわけ海洋が月の影響を受けていることを知っています。月は海水を「引っ張り」、結果的に水を陸地から、あるいは陸地へ向かって移動させるのです。その影響力は地球がもたらすものよりもはるかに小さいとはいえ、月の重力は地球の表面――海水に限らず――を引き寄せ、10 センチメートル余り隆起させています。この重力は、月に特有のものではありません。地球はより質量が大きいので、月を 50 センチメートル以上引き寄せています。

　重力潮汐は、重力が物体に対して不均等にかかった結果、生じるものです。例えば、2 つの天体が互いに接近すると、両者の相対する表面が最も大きな重力を受けます。それぞれの逆側の表面は、最も重力の影響が小さいのです。このことが理由で、月に面した海面が、最も強く月のほうへ引っ張られるわけです。この海面が月に「最も近い」ということです。地球の反対側にある海洋や水域は月から離れているため、月へ引き寄せられる度合いが比較的弱いのです。

　この潮汐力は、恒星のようなより大きな天体にも影響を及ぼします。例えば、ある恒星が軌道をそれてブラックホールに近づきすぎると、その中へ引き込まれてしまいます。恒星がブラックホールに近づくと、その最も外側の層がブラックホールに最接近することになります。つまり、最も外側の層が最も大きく潮汐力の影響を受け、これらの層が最初に引き込まれるのです。これが理由で、ブラックホールの縁にいくつもの明るい高温ガスの筋が見えることがあります。これらは、引き込まれようとしている恒星の最も外側の層なのです。

　潮汐力がもたらすさらに興味深い効果の一つに、「自転と公転の同期」があります。これは、月や惑星などの天体が、別の天体に対して常に同じ面を向ける現象を指しています。最もわかりやすい事例の一つは、月がいつも同じ面を地球に向けていることです。このことによって、月はあたかも、まったく自転――回転――していないように見えます。実際には月は自転しているわけですが、自転と公転が同期しているために、月の回転周期だと絶対に地球に「裏側」を見せることがないのです。

(34) 正解：2

設問・選択肢の訳 ▶ 月は地球よりもはるかに小さいので、
1 軌道を回る際の重力が弱く、地球に影響を及ぼすことができない。
2 地球と比べて、及ぼす重力の影響が小さい。
3 一日ほんの数時間しか地球を押さない。
4 海水などの液体を維持できるだけの力を欠いている。

解説 第 1 パラグラフでは月と地球が比較されています。第 5 文で The Earth, having more mass, pulls the moon ...（地球はより質量が大きいので、月を引き寄せています）と述べられています。一方で第 3 文では ... the gravity of the moon still pulls the Earth's surface ...（それでも月の重力は地球の表面を引き寄せ）と述べられています。質量の大きい地球と小さい月の対比です。月のほうが影響力が小さいと述べ

ている **2** が正解です。なお、第 1 パラグラフでは月が地球に及ぼす影響力について述べられていますから、**1** は間違い。このパラグラフによると、月は地球を限られた時間「押す」のではなく「引く」のですから、**3** も間違い。また、**4** については何も述べられていません。

(35) **正解：3**

設問・選択肢の訳▶ 海洋についてわかることの一つは何ですか。
1 どこでも水位が同じだ。
2 夜間だけ月の影響を受ける。
3 重力による不均等な影響を示す。
4 陸地よりもはるかに質量が大きい。

解説 第 2 パラグラフは、月の重力による地球の潮位の変化の話です。第 4 文と第 5 文では、月に近いか遠いかによって地球の海面の引っ張られる度合いが異なることが述べられています。これは、第 1 文の ... because gravity affects things unevenly.（重力が物体に対して不均等にかかることが原因で）を示しているのです。**3** が正解です。地球の潮位には変化があるので、**1** は間違い。**2** と **4** については述べられていません。

(36) **正解 3**

設問・選択肢の訳▶ 次の記述のうち正しいものはどれですか。
1 恒星はめったにブラックホールの付近で軌道から外れない。
2 ブラックホールは地球から簡単に見ることができる。
3 ブラックホールの重力は、巨大な天体でさえも粉砕するだろう。
4 十分な大きさを持つ恒星なら、ブラックホールの潮汐力に耐えられる。

解説 第 3 パラグラフでは、ブラックホールの潮汐力について述べられています。第 1 文に larger bodies, such as stars（恒星のようなより大きな天体）、第 4 文に ... those layers will be pulled in first.（これらの層が最初に引き込まれるのです）とあり、恒星がブラックホールに近づくと、表面の層から順に破壊されながら飲み込まれることがわかります。**3** が正解です。第 2 文で ... a star that wanders too close to a black hole will be pulled in.（ある恒星が軌道をそれてブラックホールに近づきすぎると、その中へ引き込まれてしまいます）と述べていますから、**1** は間違い。また、**4** も第 4 文から間違いです。**2** については何も述べられていません。

(37) **正解：4**

設問・選択肢の訳▶ 地球から見た、月の自転と公転の同期の特徴の一つは何ですか。
1 月が地球の重力のせいで自転しない。
2 地球と月が規則的に軌道を変更する。

3 月の裏側には決して日光が当たらない。
4 月の片側を地球から見ることができない。

解説 第4パラグラフでは、潮汐力がもたらす tidal lock（天体の自転と公転の同期）について述べられています。この現象により、月は地球に対して常に同じ面を見せているのです。第6文で … never present its "dark side" to the Earth.（絶対に地球に「裏側」を見せることがないのです）と述べられています。**4** が正解です。ほかの選択肢については何も述べられていません。

(38) 正解：1

設問・選択肢の訳▶ 次のうちのどれが潮汐力に関する正しい説明ですか。
1 ある天体の重力が別の天体に及ぼすさまざまな影響。
2 地球と近いことによって引き起こされる月の軌道の変化。
3 重力がもたらされることで生じる海洋の規模の変化。
4 ある天体が、近くの別の天体から離れる動き。

解説 第1パラグラフと第2パラグラフで、地球と月の関係が述べられています。第3パラグラフでは、ブラックホールの潮汐力が述べられています。第4パラグラフで、潮汐力の tidal lock が説明されています。tide（潮）という単語だけを見ると、地球と月の関係のように思えますが、実際には「天体対天体」の関係についての話であることが本文全体から認識できます。**1** が正解です。なお、**2** と **3** については何も述べられていません。ここでの話は「離れる」のではなく「引き合う」ことについてなので、**4** も間違い。難しい設問ですが、消去法を使うと正解を導くのが楽です。

4 ライティング

解答例

I do believe that purchasing brand-name goods is recommendable in some cases. First, these goods are usually made well and last a long time. This is important because they are often used as presents. My grandparents said they exchanged luxurious wristwatches for their 25th wedding anniversary. By contrast, cheap products often wear out quickly. Second, you can wear expensive jewelry or carry a high-quality handbag at many types of parties, all through your life. For these reasons, I would recommend buying expensive goods sometimes.（86 語）

TOPIC の訳▶近年、人々は高価なブランド品を買います。そうしたものに多額のお金を使うことをいいと思いますか。

POINTS の訳▶贈り物　広告　ファッション

解答例の訳▶
ブランド品の購入は、場合によっては好ましいことだと思います。第 1 に、そうした品物は通例、出来がよく長持ちします。これは重要なことです。というのも、ブランド品は贈り物に使われることが多いからです。私の祖父母は、結婚 25 周年記念に豪華な腕時計を交換したと言っていました。対照的に、安価な品物は、すぐに駄目になりがちです。第 2 に、生涯を通して、さまざまなパーティーで、高価なジュエリーや質の高いハンドバッグを身に着けることができます。こうした理由により、たまに高価な品物を購入することを勧めたいと思います。

解説 解答例は、主に贈り物の観点から解答しています。この観点では、祖父母の例を出すことによりブランド品のよさを述べています。また、安い品物の欠点を示して対比させています。この解答例が素晴らしいのは、brand-name goods（ブランド品）を別の言葉で言い換えていることです。luxurious wristwatches、fashionable items、expensive goods などがそうです。そして、対比させる言葉として cheap products を使っています。同じ意味を伝えるのに言葉を言い換えている点に好感が持てます。

　なお、反論の解答例の一部として、次の英文を紹介しておきます。

First, instead of spending the money on brand-name products, you could use it to help poor people. Second, advertisements often persuade people to buy things they don't need.（第 1 に、ブランド品に費やすお金は、代わりに貧しい人々を助けるために使えます。第 2 に、広告が往々にして、人々に不要なものを買わせてしまいます）

一次試験　リスニング

第 1 部

No. 1　**3**

W: Hi Joe. Did you go to biology class yesterday?
M: Yes, Carla, but I didn't see you there. You know, you missed a really important lecture.
W: I couldn't help it. I'd been up so late studying the night before that I just slept in.
M: I see. I can share my notes with you from the class if you want.
Q: Why did Carla miss the class?

訳
女性：あら、ジョー。きのう生物学の授業に出たの？
男性：出たよ、カーラ。でも、君はいなかったね。つまり、とても重要な講義を聞き逃したわけだ。
女性：仕方がなかったのよ。前の晩、かなり遅くまで勉強してたから、寝坊しちゃって。
男性：なるほど。なんなら授業のノートを見せてあげるよ。

設問・選択肢の訳▶ なぜカーラは授業に出席しなかったのですか。
1 彼女は生物学の専攻をやめた。
2 彼女は別の講義を取らなければならなかった。
3 彼女は遅くまで起きていなければならなかった。
4 彼女は友人のためにノートを取らなければならなかった。

解説 女性が 2 回目の発言で I'd been up so late studying the night before ...（前の晩、かなり遅くまで勉強してたから）と話しています。**3** が正解です。

No. 2　**2**

W: Excuse me, do you know where I can find the exhibit on Egyptian art?
M: It's on the third floor, in the West Wing of the building.
W: Oh, so should I take an elevator down the hall?
M: Sure, and there's one right behind us. When you get out of the elevator, you'll see a map that'll direct you where to go.
Q: Where is the conversation taking place?

訳
女性：すみません、エジプト美術の展覧会がどこで開かれているかわかりますか。
男性：3 階です、建物の西ウィングの。
女性：え、じゃあ廊下の先のエレベーターを使うんですか。
男性：そうです、この後ろにも 1 基ありますよ。エレベーターを降りたら、地図を見て道順を確認してください。

設問・選択肢の訳▶この会話はどこで交わされていますか。

1 デパートで。
2 美術館で。
3 オフィスビルで。
4 バスターミナルで。

解説 女性が最初に ... do you know where I can find the exhibit on Egyptian art?（エジプト美術の展覧会がどこで開かれているかわかりますか）と聞いています。**2**の「美術館で」が正解です。なお、デパートでも展覧会が催されますが、選択肢に美術館がありますから、**1**を選択しないでください。

No. 3   **3**

W: Do you have any more of those pink T-shirts that I saw here a few days ago?
M: I'm sorry to say that those sold out yesterday. We have that same brand in yellow or green, though — and they're on sale.
W: I really wanted a pink one.
M: Why don't you come back next week, then? We should have more stock by then.
Q: What did the store do a few days ago?

訳
女性：数日前にここで見かけたピンクのTシャツは、もうないんですか。
男性：申し訳ございませんが、あれはきのう売り切れてしまいました。同じブランドだと、黄色か緑色のものならございまして、セール中です。
女性：ピンクのがとても欲しかったんです。
男性：では来週、あらためてご来店いただけますか。それまでにもっと在庫を確保いたしますので。

設問・選択肢の訳▶この店は数日前にどんなことをしましたか。

1 新しいTシャツのラインアップを発売した。
2 ファッション関連品のセールを終えた。
3 ある商品の在庫を切らせた。
4 いくつかの新しい品物を仕入れた。

解説 女性が最初に Do you have any more of those pink T-shirts ...（ピンクのTシャツは、もうないんですか）と聞いています。これに対して、店員は ... those sold out yesterday.（あれはきのう売り切れてしまいました）と述べています。それを言い換えた**3**の It ran out of an item.（ある商品の在庫を切らせた）が正解です。an item とはここでは pink T-shirt のこと、run out of 〜は「〜（品物）を切らす」という意味です。

No. 4   **1**

> *W:* Hi Robert, how was *Fire Wings*?
> *M:* Not as good as I'd hoped. A lot of talking, but not much flying or fighting.
> *W:* I thought you liked the star, Charles Woods. You must've seen at least a dozen of his movies by now.
> *M:* His acting was great, but he wasn't even in that many scenes.
> *Q:* What is mainly being discussed?

> 訳
> **女性**：あら、ロバート。『ファイヤー・ウィングズ』はどうだった？
> **男性**：期待したほどじゃなかったね。会話が多い割に、飛行シーンや戦闘シーンが少ないんだ。
> **女性**：あなたはチャールズ・ウッズっていうスターが好きなんだと思ってたわ。今まで彼の映画は少なくとも12回は見てるでしょ。
> **男性**：彼の演技はよかったけど、そんなにたくさんの場面に出てたわけじゃないよ。

設問・選択肢の訳 ▶ 主に何について話されていますか。
1 好きな俳優が出演している映画。
2 観劇のチケットを買う難しさ。
3 最近のテレビゲームの一つ。
4 話者たちが好きだった古典作品。

解説 聞いていて *Fire Wings* って何だろうか、と思うでしょう。女性が2回目にI thought you liked the star, Charles Woods.（あなたはチャールズ・ウッズっていうスターが好きなんだと思ってたわ）と述べています。ここで、Charles Woods が俳優、そして *Fire Wings* は映画のタイトルだ、とわかるはずです。**1** が正解です。なお、このように英検では、実在しない映画や本のタイトルが使われることがあります。

No. 5　**3**

> *M:* Hi, Sarah. Tell me about your trip to Seattle.
> *W:* It was great. I had a lot of short meetings with potential customers, and they created a lot of good sales leads.
> *M:* That's good to hear. The boss was really hoping that you could close some deals out there. You should go talk to him about it.
> *W:* I was just on my way to his office.
> *Q:* Why did Sarah go to Seattle?

> 訳
> **男性**：やあ、サラ。シアトルへの出張について話してよ。
> **女性**：素晴らしかったわ。潜在顧客との短い打ち合わせをたくさんしたの。おかげで、この先有望な営業先とのつながりをかなり築いたわ。
> **男性**：それはよかった。ボスは君が出張先でいくつか話をまとめてきてくれればって、かなり期待してたよ。彼のところへ行って、今の話を報告したほうがいい。
> **女性**：ちょうど彼の部屋へ行くところだったの。

設問・選択肢の訳 ▶ なぜサラはシアトルへ行ったのですか。

1 いくつかの納入業者が彼女を招待した。
2 上司が彼女にセミナーへの出席を求めた。
3 彼女は新たな顧客を見つけたかった。
4 競合会社が彼女に助言を求めた。

解説 女性の最初の I had a lot of short meetings with potential customers, ...（潜在顧客との短い打ち合わせをたくさんしたの）という発言が出張の理由です。**3** の new clients（新しい顧客）が potential customers なのです。このように、話の中で使われるフレーズなどを言い換えた語句が選択肢に含まれることが多いので、選択肢を注意して読んでください。

No. 6　**1**

W: Remember that we're going to the big game tomorrow, Frank. You know where we're supposed to meet, right?
M: I do, right outside Gate 7. I guess you'll be bringing the tickets.
W: I will, and I'll text you as soon as I get there.
M: Awesome! I really hope our team can win!
Q: What will the woman do tomorrow?

訳
女性：明日、大事な試合へ行くことを忘れないでね、フランク。どこで待ち合わせる予定か、わかってるわよね？
男性：うん、7番ゲートを出てすぐのところだよ。君がチケットを持ってきてくれるんだよね。
女性：持って行くわ。で、向こうに着いたらすぐに携帯でメールを送るから。
男性：よし！　うちのチームが勝ってくれることを願うばかりだね！

設問・選択肢の訳▶女性は明日、何をしますか。
1 携帯電話でメールを送信する。
2 試合に出る。
3 授業に出る。
4 あるチームについて文章を書く。

解説 何の試合か、気になりますね。サッカーでしょうか。会話文は想像力を働かせて状況を判断することが大事です。男性が「7番ゲートのすぐそばが待ち合わせ場所だ」と言っています。それに対して、女性が「着いたら携帯メールを送る」と述べています。**1** が正解です。text は「携帯メール、携帯メールを送る」の意味です。

No. 7　**3**

M: What should I cook tonight? Chicken or fish?
W: We've already eaten both of those this week. What about something else entirely?

M: Well, I'll go ahead and cook roast beef. That used to be an old specialty of mine.
W: Oh, wonderful! I'll look forward to it!
Q: Why do the man and woman decide to have beef?

訳
男性：今夜は何を料理しようか。鶏肉か魚かな？
女性：どっちも、もう今週食べちゃったわね。何か全然違うものはどう？
男性：じゃ、思い切ってローストビーフを作ろうか。昔、僕の得意料理だったんだ。
女性：え、すごいじゃない！　楽しみだわ！

設問・選択肢の訳▶ なぜ、この男女は牛肉を食べることにしたのですか。
1 毎週それを食べたいと思っている。
2 レストランでそれを食べてみたいと思っている。
3 何か違うものを食べたいと思っている。
4 それを新しい魚と組み合わせたいと思っている。

解説　女性が1回目の発言で What about something else entirely?（何か全然違うものはどう？）と言っています。これが解答の鍵になります。**3** の They want to have something different.（何か違うものを食べたいと思っている）にある something different は、女性の発言の something else に対応しています。

No. 8　**1**

M: Hello, this is Vernon Anderson. Your company did some landscaping for me today, and I can't say that I'm too satisfied.
W: Oh, I'm very sorry. Could you explain the problem?
M: Your crew didn't cut any of the bushes on the right side of my house. I don't know how they could have overlooked that.
W: There's no excuse. I'll have them come out tomorrow morning to complete the job.
Q: Why does the man call the landscaping company?

訳
男性：もしもし、バーノン・アンダーソンです。きょう、そちらの会社に造園作業をしていただいたのですが、十分満足したとは言い難いんですよ。
女性：それは申し訳ございません。問題点をご説明いただけますか。
男性：そちらのスタッフが、うちの家の右側の茂みにまったくはさみを入れてくれませんでした。どうすればあれを見落とせるものですかね。
女性：弁解の余地がございません。明朝スタッフを伺わせて、作業を完了させます。

設問・選択肢の訳▶ なぜ男性は造園会社に電話をかけたのですか。
1 苦情を言うために。
2 価格を尋ねるために。

3 口座を開設するために。
4 支払いをするために。

解説 男性が最初の発言で ... I can't say that I'm too satisfied.（十分満足したとは言い難いんですよ）と言っています。「十分に満足したとは言えない」とは控えめな言い方ですが、「不満だ」ということです。女性はそれに対して Oh, I'm very sorry. と謝っています。また、続けて Could you explain the problem?（問題点をご説明いただけますか）と頼んでいます。これらの言葉から状況を推測し、**1** の To make a complaint.（苦情を言うために）を選択しましょう。

No. 9　**3**

M: Hello, is Lucy there? I'm Rick Burns, one of her classmates.
W: She's not in right now, Rick.
M: Oh, you must be her mother. I'm supposed to meet her at 6:00 p.m., but I'm running late. I've already left her a voicemail. Could you ask her to check it?
W: I'll do just that.
Q: What did Rick do before this conversation?

訳
男性：もしもし、ルーシーはいますか。彼女のクラスメートのリック・バーンズですが。
女性：あの子、今出かけてるのよ、リック。
男性：ああ、お母さんですね。午後6時に彼女に会うことになってるんですが、遅れそうなんです。もう彼女の留守番電話に伝言したので、チェックするように言っていただけますか。
女性：そのとおりにするわ。

設問・選択肢の訳▶ リックはこの会話の前に何をしましたか。
1 授業で教えた。
2 走って友人の家へ行った。
3 伝言を残した。
4 自分の留守番電話をチェックした。

解説 男性の2回目の発言 I've already left her a voicemail.（もう彼女の留守番電話に伝言した）が解答に直結する箇所です。voicemail（留守番電話、留守番電話に残す伝言）という単語だけを根拠に **4** の He checked his voicemail.（自分の留守番電話をチェックした）を選択しないようにしましょう。また、Lucy と Rick という名前を間違えやすいので注意してください。設問は What did Rick do before this conversation?（リックはこの会話の前に何をしましたか）ですから、男性の行為を聞いているのです。なお、正解 **3** の message（伝言）は voicemail のことを指しています。

No. 10　**4**

> W: Do you have a cheaper version of this computer?
> M: I can show you something at a lower price, but it would be a different brand. I also couldn't guarantee the same quality.
> W: That's OK, as long as it works and would last me a few years.
> M: In that case, please come with me over to Aisle 12.
> Q: What will the man do next?

訳
女性：このパソコンの廉価版はありませんか。
男性：もっと低価格なものをご案内できますが、別のブランドになります。それに、同等の品質は保証できかねますが。
女性：それでもかまいません。きちんと作動して、数年持ってくれれば。
男性：そういうことでしたら、12番通路へご案内いたします。

設問・選択肢の訳▶男性はこの後、何をするでしょうか。
1 ある品物について返金する。
2 別のバージョンのソフトウェアをダウンロードする。
3 もっと高額のパソコンを見せる。
4 女性を店内の別の売り場へ案内する。

解説 女性が最初に、安いパソコンが欲しい旨を伝えています。それに対して、店員らしき男性が、「安いものはあるが、クオリティーは低いかもしれない」と答えています。この流れをつかめると選択肢の**1**、**2**、**3**を消去できます。わかりにくいのは、男性の2回目の発言 ... please come with me over to Aisle 12.（12番通路へご案内いたします）です。この Aisle 12 が正解**4**の another section of the store（店内の別の売り場）を指しているのです。ディスカウントストアなどで、通路の頭上にそうした通路番号が表示されていることがあります。

No. 11 **2**

> M: Wendy, your coffee always seems so much better than mine. What's your secret?
> W: Actually, Ned, the taste comes from the coffee maker. It's really advanced, and helps me brew an excellent cup each time.
> M: I never thought of that. I usually buy pretty high-end coffee, but my coffee maker itself is just ordinary. I think it's time for an upgrade. Why don't we go shopping today and you could recommend me a few brands?
> W: Sure, and I don't think you'll have to spend a lot of money either to get something good.
> Q: What do the man and woman decide to do today?

訳
男性：ウェンディー、君が入れるコーヒーはいつも僕のよりずっとおいしいようだけど、秘訣は何？

> 女性：実はね、ネッド、あの味はコーヒーメーカーのおかげなの。とっても先進的で、毎回すごくおいしい一杯を入れられるのよ。
> 男性：それは考えなかったな。僕はいつも、かなり高級なコーヒー豆を買うんだけど、コーヒーメーカーのほうはごく普通のものなんだ。そろそろ、もっといい機械に買い替えようかな。きょう、一緒に店へ行って、2、3お薦めの機種を教えてもらえないかな？
> 女性：いいわよ。それに、いい品物を手に入れるのに多額のお金を払わなければいけないわけでもないと思うわ。

設問・選択肢の訳▶ この男女は、きょう何をすることに決めましたか。

1 高級なコーヒーを買う。
2 買い物に出かける。
3 追加のカップを選ぶ。
4 インターネットでお薦めの品を投稿する。

解説 coffee maker（コーヒーメーカー）がコーヒーの味を決める、という話です。ここがわからないと選択肢の **1** と **2** で迷うでしょう。男性は2回目の発言で I usually buy pretty high-end coffee, ...（僕はいつも、かなり高級なコーヒー豆を買うんだ）と言っています。そして、... my coffee maker itself is just ordinary.（コーヒーメーカーのほうはごく普通のものなんだ）と続け、... it's time for an upgrade（そろそろ、もっといい機械に買い替えよう）、つまり上級機に買い替えると言っているのです。Why don't we go shopping today ...（きょう、一緒に店へ行って）と誘っているのは、コーヒーメーカーを購入したいからです。**2** が正解です。

No. 12   **1**

> *W:* Honey, what do you think about going on a hiking trip this summer?
> *M:* I thought you never really liked to get out to forests and things. You're always wanting to do something around town.
> *W:* That's true, but let's try something different this year. Besides, it'd be a great way to get fit.
> *M:* Fair enough. Let's go online and check out the hiking trails.
> *Q:* What do the man and woman decide to do this summer?

訳
女性：ねえ、今年の夏、ハイキング旅行をするのはどう？
男性：君は森林なんかに出かけていくのはまるで気が進まないんだとばかり思ってたよ。いつも、街中で何かしたがってるじゃない。
女性：そのとおりなんだけど、今年は違うことをやってみましょうよ。それに、ハイキングは体にもいいし。
男性：そうだね。インターネットでハイキングコースを調べてみよう。

設問・選択肢の訳▶ この男女は今年の夏に何をすることに決めましたか。

1 自然の中へ出かけていく。

2 自転車用道路を使ってみる。
3 ジムを利用して体を鍛える。
4 町の周辺の場所を調べる。

解説 女性の最初の発言が重要です。... what do you think about going on a hiking trip ...（ハイキング旅行をするのはどう？）を聞き逃がさないようにしてください。男性の ... get out to forests and things.（森林なんかに出かけていく）が 2 つ目のヒントです。hiking と forests を聞き逃した場合には、女性の 2 回目の発言にある ... it'd be a great way to get fit.（それは体づくりにいい）から、**3** の Use a gym to get fit.（ジムを利用して体を鍛える）にしてしまうかもしれません。**1** が正解です。

No. 13　**2**

M: Do you feel any better today, honey?
W: Not really. I've still got a fever, and feel weak.
M: Why don't you go see the doctor? I can call to make an appointment at the clinic.
W: That's OK. I only need another day in bed. I'll feel all right by tomorrow.
Q: What is the woman's problem?

訳
男性：ねえ、きょうは少しはよくなった？
女性：そうでもないわ。まだ熱があるし、だるいの。
男性：医者の診察を受けに行ったほうがいいよ。診療所に電話して予約を取ってあげるよ。
女性：大丈夫。もう一日だけ寝ていれば、明日には具合がよくなってるわ。

設問・選択肢の訳▶ 女性が抱えている問題は何ですか。
1 診療所を見つけられない。
2 あまり動き回れない。
3 休憩をまったく取れない。
4 きょう医者の診察を受けられない。

解説 女性が 1 回目の発言で I've still got a fever（まだ熱がある）と言っていますから、彼女は病気だとわかります。また、男性が 2 回目に Why don't you go see the doctor?（医者の診察を受けに行ったほうがいいよ）と言っています。それに対して、女性が I only need another day in bed.（もう一日寝ているだけでいい）と言っているので、彼女は自分の意志で医者の診察を受けないことがわかります。**1** と **4** が消去できます。**3** は述べられていません。正解の She cannot move around much.（あまり動き回れない）は、病気で寝ているしかないことを言い換えたものです。

No. 14　**2**

> W: What do you think of my new earrings? I got them for myself at a store yesterday.
> M: Oh, I hadn't noticed, but now I see that they look quite stylish on you.
> W: I usually get small items, but thought I'd go for something big this time.
> M: Well, they certainly stand out. They're sure to attract a lot of attention.
> Q: What does the woman say that she did yesterday?

訳
女性：私の新しいイヤリング、どう思う？ きのうお店で自分のために買ったの。
男性：ああ、気がつかなかった。でも、こうして君が着けてるのを見ると、とってもおしゃれだね。
女性：いつもは小さいのを買うんだけど、今回は大きいのを選ぼうと思って。
男性：うん、確かに目立つね。間違いなく、かなり人目を引くよ。

設問・選択肢の訳▶女性は、きのう自分が何をしたと言っていますか。
1 インターネットで告知を出した。
2 貴金属を買った。
3 友人への贈り物を手に入れた。
4 店で働いた。

解説 女性が1回目の発言で I got them for myself at a store yesterday.（きのうお店で自分のために買ったの）と言っていますから、**2** が正解です。男性が1回目の発言で ... they look quite stylish on you.（君が着けてるのを見ると、とってもおしゃれだね）と言っていますから、彼女が自分で身に着けていることがわかります。したがって、**3** の She got a gift for a friend.（友人への贈り物を手に入れた）を選択してはいけません。

No. 15　**1**

> M: Excuse me, I'd like to rent a car.
> W: Certainly. I only need to see your driver's license and a major credit card.
> M: I think I forgot to bring my credit card with me. Is it possible to pay using cash?
> W: I'm sorry, but it's not. You could come back with the card anytime, since we're open 24 hours a day.
> Q: What is said about the car rental agency?

訳
男性：すみません、車を借りたいのですが。
女性：承知しました。運転免許証と主要なクレジットカードをお見せいただくだけで結構です。
男性：クレジットカードを持ってくるのを忘れたようです。現金での支払いも可能ですか。
女性：申し訳ございませんが、駄目なんです。カードを持って、ご都合のよろしいときに再度ご来店いただけますか、24時間営業しておりますので。

設問・選択肢の訳▶このレンタカー店について、どんなことが述べられていますか。
1 昼夜を問わず接客している。

2 新しい会員カードを提供している。
3 現金での支払いも受け付けている。
4 免許証を紛失した人たちを支援している。

解説 男性は車を借りに来たのです。女性の最後の … we're open 24 hours a day.（24時間営業しております）を言い換えた，**1** の It serves customers all day and night.（昼夜問わず接客している）が正解となります。なお，**3** を選択しないようにしてください。男性の「現金払いをしたい」という要望に対して，女性が … but it's not.（駄目なんです）と断っています。

第2部

No. 16　**2**

Attention shoppers: in about five minutes, we'll be having a juicer demonstration in Aisle 13. This will be a great opportunity to see how some of our most popular brands are used. Learn how the different models compare, and find out which one may be right for you and your family. This is something that you won't want to miss!

Q: What is the speaker asking listeners to do?

訳
ご来店のお客さまにお知らせいたします。5分後に13番通路でジューサーの実演販売を行います。これは、当店で取り扱っている最人気ブランドの製品の使い方をご覧いただける絶好の機会となるでしょう。機種ごとにどんな違いがあるかを比べていただき、どれがお客さまのご家庭に最適かをご判断ください。この機会は見逃せないでしょう！

設問・選択肢の訳▶ 話者は聞き手に何をするよう頼んでいますか。
1 店の会員制度に入会申請する。
2 特別な催し物へ足を運ぶ。
3 商品の購入にクーポンを使う。
4 近く実施されるセールを待つ。

解説 最初の Attention shoppers: …（ご来店のお客さまにお知らせいたします）から、全体が店に来た人へ向けたアナウンスだとわかります。ディスカウントストアなのか電器店なのかはわかりませんが、ジューサーを実演販売するのです。最後の This is something that you won't want to miss!（この機会は見逃せないでしょう！）から、話者は聞き手に「デモを見てください」と依頼していると考えられます。**2** の special event（特別な催し物）がジューサーの実演販売のことなのです。

No. 17　**3**

Jack is a doctor at a major hospital. Apart from that, he recently took on an additional position at a clinic for low-income patients. The work there is very satisfying to him, although it is unpaid. On Thursday, he was asked by the clinic to come in to deal with an urgent medical situation. He agreed to do it, leaving the hospital early and transferring his duties there to another doctor.
Q: What is one thing that happened at the clinic on Thursday?

訳
ジャックは、ある大病院の医師です。それとは別に、彼は最近、低所得の患者向けの診療所で新たな職に就きました。そこでの仕事は、無給であるにもかかわらず、彼にとって非常に充実したものです。木曜日に、彼は診療所から、来所して急患の医療処置を行ってほしいと要請されました。彼はそれを承諾し、病院を早退するに際して自分の責務を別の医師へ引き継ぎました。

設問・選択肢の訳▶木曜日に診療所で起きたことの一つは何ですか。
1 職員が給料を受け取った。
2 別の医者が雇われた。
3 緊急事態が起きた。
4 業務が早めに終わった。

解説 話を整理します。ジャックが所属するのは major hospital（大病院）です。その一方、ある clinic（診療所）で無給医として低所得者へ向けた医療に携わっています。さて、質問は、診療所で木曜日に何があったです。第4文に On Thursday, he was asked by the clinic to come in to deal with an urgent medical situation.（木曜日に、彼は診療所から緊急の医療処置をするため来るように要請された）とあります。選択肢の **3** で、この urgent medical situation を emergency（緊急事態）と言い換えていると考えられます。ですから、正解は **3** です。

No. 18   **4**

Marla is a postgraduate student and math tutor at her university. The tutoring center is normally closed on Saturdays and Sundays, but is now starting to hold limited hours on those days. It pays tutors about 10 percent more for working during that period and hopes more tutors will sign up to work those hours. Marla is thinking about doing that, since it would help her financial situation a lot.
Q: What is Marla thinking about doing?

訳
マーラは大学院生であると同時に、自分が通う大学の数学の個人指導教員でもあります。個人指導センターは通常、土曜日と日曜日は休業しますが、現在、これらの曜日でも時間限定で利用できるようになり始めています。センターは、個人指導教員がこの時間帯に働いた場合、給料を10パーセント増額し、より多くの個人指導教員がこの時間に登録することを期待しているのです。マーラは自分もこの時間に登録することを考えています。そうすれば、経済的な面で大いに助かるからです。

設問・選択肢の訳▶マーラは何をしようと考えていますか。
1 数学の個人指導教員の助けを借りること。
2 週末の授業に登録すること。
3 別の学校で働くこと。
4 勤務時間の追加を受け入れること。

解説 マーラは現在大学院生です。そして、tutor（個人指導教員）をしています。第4文で Marla is thinking about doing that, ...（マーラは自分もそれをすることを考えています）と述べられています。that（そのこと）とは、第2文にある「土日の個人指導」のために働くことです。**4** の Accepting additional hours.（勤務時間の追加を受け入れること）は、それを言い換えたものです。これが正解です。リスニングでは、短時間で解答を判断しなければなりませんから、聞き取りと同時に内容を理解することが大事です。

No. 19　**3**

The Great Wall of China is one of the wonders of the world. Nevertheless, it could be lost to us. Tourists and thieves are taking away pieces of the wall bit by bit each year. Nature itself is also damaging the wall, as it slowly erodes from wind and rain. Without active protection measures, it may eventually disappear entirely.
Q: What is one thing we learn about the Great Wall of China?

訳
中国の万里の長城は、世界の驚異の一つです。ところが、私たちのせいで失われてしまう可能性があります。旅行者や盗賊が、壁の切片を毎年少しずつ持ち去っています。自然自体も壁にダメージを与えています。風雨によって徐々に浸食されているのです。積極的な保護措置を取らないと、長城は最後には完全に消滅してしまうかもしれません。

設問・選択肢の訳▶中国の万里の長城についてわかることの一つは何ですか。
1 少しずつ修復されている。
2 泥棒から守られている。
3 環境によって損傷を受けている。
4 訪れる観光客の数が減っている。

解説 第3文の Tourists and thieves are taking away pieces of the wall ...（旅行者や盗賊が、壁の切片を持ち去っています）が聞き取れると **1** と **2** を消去できます。また、第4文の Nature itself is also damaging the wall, ...（自然自体も壁にダメージを与えています）と、続く ... it slowly erodes ...（徐々に浸食されているのです）から、長城が風化していることがわかります。これによって **3** の It is damaged by the environment.（環境によって損傷を受けている）を選べます。消去法で不要な選択肢を消し、確信を持って正解を選ぶというのが理想的な解答方法です。

No. 20　**3**

Chapter 4　模擬試験　>>> リスニング

> Becky is a business major trying to arrange her class schedule for the semester. She has to take an English class and would also like to take an art history course. Both classes take place at the same time, though. She likes art history better, but will take the English class because it is a university requirement, and she wants to take care of all requirements in her first semester.
> Q: Why does Becky plan to take the English class?
>
> 訳
> ベッキーはビジネスを専攻しており、今学期の授業の時間割を調整しようとしています。彼女は英語の授業を取らなければならず、また美術史も履修したいと思っています。しかし、どちらの授業も同じ時間に開講されます。彼女は美術史のほうが気に入っているのですが、英語の授業を取るつもりです。英語は大学の必修科目で、彼女は全必修科目を最初の学期に履修したいと思っているのです。

設問・選択肢の訳 ▶ なぜベッキーは英語の授業を取るつもりなのですか。

1 そちらのほうがずっと好きだから。
2 前期に単位を落としたから。
3 必要だから。
4 好都合な時間に開講されるから。

　解説　大学の授業の説明をしておきます。major（専攻）というのは、勉強する専門分野のことです。履修する科目には大きく2種類があります。一つが requirement（必修科目）、もう一つが elective または option と呼ばれる「選択科目」です。第4文から、英語が必修科目だということがわかります。**3** が正解です。おそらく、美術史は選択科目でしょう。本当はこの美術史を取りたいと第4文で述べられていますから、**1** は間違いです。**2** と **4** については述べられていません。

No. 21　**3**

> Jason works for an event planning company. His job is to help find entertainment for various conferences, weddings, dinners and other occasions. He books singers, musicians and other performers for these events — usually by negotiating online or in-person. He enjoys his work because he likes dealing with people very much. He has been so successful that rival companies sometimes try to recruit him.
> Q: How does Jason book the entertainers?
>
> 訳
> ジェーソンはイベント企画会社で働いています。彼の職務は、さまざまな会議や婚礼、夕食会といった場にふさわしい余興を見つける手伝いをすることです。彼は歌手や音楽家といった出演者を、そうしたイベントのために手配します――通常、オンラインで、あるいは先方へ直接出向いて交渉するのです。彼は自分の仕事を楽しんでいます。人と折衝するのがとても好きだからです。彼は高い実績を挙げているので、競合企業がときどき彼を引き抜こうとします。

設問・選択肢の訳 ▶ ジェーソンはどうやって出演者を手配しますか。

71

1 競合他社から引き抜くことで。
2 個人的な推薦を受けることで。
3 さまざま種類の話し合いを行うことで。
4 イベント企画会社に外注することで。

解説 book には「(飛行機やホテルを) 予約する、手配する」という意味があります。第3文に He books ... usually by negotiating online or in-person. (彼は……を手配します。通常、オンラインで、あるいは先方へ直接出向いて交渉するのです) と述べています。このことを言い換えたのが **3** の By holding various types of discussions. (さまざまな種類の話し合いを行うことで) で、これが正解です。discussion は「議論、話し合い」という意味で、negotiation (交渉) の類義語です。

No. 22   **1**

Computer skills are critical for students to master, for both their social and professional lives. Some activists have even claimed that computer and Internet access is a human right. Even so, millions of people around the world have little or no access to information technologies. The split between those with access to technology and those without is sometimes referred to as the digital divide.
Q: What have some activists claimed about the Internet?

訳
パソコンの技能は、学生にとって、社会生活を営むうえでも日々仕事をするうえでも、必ず習得しなければならないものです。活動家らの中には、パソコンとインターネットの利用は人権の一つだとまで主張する人もいます。そう言っても、世界中で何百万人もが IT をほとんど、あるいはまったく利用できずにいるのです。テクノロジーを活用できる人たちとできない人たちの間のこの隔たりは、時に情報格差の名で取りざたされます。

設問・選択肢の訳▶活動家によっては、インターネットについてどんなことを主張していますか。
1 誰にとっても重要だ。
2 習得がとても簡単だ。
3 指導者たちにとって必須だ。
4 新たなテクノロジーを広めている。

解説 第2文で ... computer and Internet access is a human right. (パソコンとインターネットの利用は人権の一つだ) と述べられています。このことを言い換えたのが、**1** の It is important for everyone. (誰にとっても重要だ) です。ほかの3つの選択肢については述べられていません。

No. 23   **4**

Chapter 4 模擬試験 ≫ リスニング

Annette used to work as a bank manager. The job was stressful, and she had to spend most of her time in the office. About three months ago, she quit and used her savings to open a small café near a beach. The business has been surprisingly successful, but Anette has no current plans to expand it. She wants to live a slower, more casual life — one not focused on money.
Q: What does Anette want to do?

訳
アネットはかつて、銀行の支店長として働いていました。その仕事はストレスが大きく、ほとんどの時間をオフィスで過ごさなければなりませんでした。3カ月ほど前、彼女は退職し、貯金を使って小さなカフェをビーチのそばに開きました。この事業は驚くほどうまくいっているのですが、アネットは今のところ事業の拡大はまったく考えていません。彼女は、もっとゆったりとした気楽な毎日を送りたいと思っているのです ── お金に執着せずに。

設問・選択肢の訳▶アネットは何をしたいのですか。
1 もっとお金を稼ぐことに注力する。
2 人々に成功の秘訣を教える。
3 もう1軒、ビーチにカフェを開店する。
4 今のライフスタイルを維持する。

解説 最後に She wants to live a slower, more casual life — one not focused on money.（彼女は、もっとゆったりとした気楽な毎日を送りたいと思っているのです ── お金に執着せずに）と述べられています。「今よりもゆっくりしたい」ということかと考えてしまい、**4** の Keep her current lifestyle.（今のライフスタイルを維持する）を選択してよいか悩むかもしれません。しかし、a slower, more casual life は「おもうけに焦点を置いた生活よりも気楽な毎日」ということです。ほかの選択肢は、もっとお金をもうけることに関係しています。ですから、自信を持って **4** を選択しましょう。

No. 24　**3**

Welcome to Fashion Day. I'll be talking today with Paul Turner, a designer who has won many awards and impressed both critics and upscale customers with his stunning work. Some of his newest creations are going to be displayed at the National Fashion Show next week, and he's going to give us some ideas about which of his designs we can expect to see there. We're going to have a really exciting afternoon talking with him!
Q: What will the interviewer ask Paul about?

訳
「ファッション・デー」の時間です。きょうは、デザイナーのポール・ターナーさんとお話しします。ターナーさんは数々の受賞歴をお持ちで、その見事な仕事ぶりで批評家と高級志向の顧客の両方をとりこにしてきました。最新の作品のいくつかが、来週のナショナル・ファッション・ショーで披露される予定ですが、ご本人から、当日どのデザインを目の当たりにできるのかについて教えていただけることになっています。ターナーさんとお話しできるなんて、とても楽しみな午後になりそうです！

設問・選択肢の訳▶ インタビューの聞き手はポールに何について尋ねるつもりですか。
1 「ファッション・デー」の背景。
2 新たな賞の立ち上げ。
3 近く催されるショー。
4 批評家たちの意見。

解説 第3文で … he's going to give us some ideas about which of his designs we can expect to see there.（ご本人から、当日どのデザインを目の当たりにできるのかについて教えていただけることになっています）と述べられています。there はナショナル・ファッション・ショー（の場）のことです。なお、Fashion Day は番組の名前ですから、**1** は間違いです。**2** と **4** については述べられていません。

No. 25　**2**

Mandy has been involved in soccer for nearly 12 years, and now plays for her college team — where she is also team captain. She has in fact helped lead her team to three regional championships. Coach Tom Walton relies on Mandy as someone who can lead and inspire players in tough situations. Due to this, he thinks she should pursue the sport professionally after she graduates.
Q: Why does Tom Walton think Mandy should play professionally?

訳
マンディーは12年近くサッカーと関わってきました。そして、今は大学のチームでプレーしており、チームの主将も務めています。実は、彼女は自分のチームを3度、地区優勝へ導くことに貢献してきました。トム・ウォルトン監督はマンディーを、苦境において選手たちを牽引・鼓舞できる人物として信頼しています。この点から、監督は彼女が卒業後にプロとしてスポーツを追求していくべきだと考えているのです。

設問・選択肢の訳▶ なぜトム・ウォルトンは、マンディーがプロとしてプレーすべきだと考えているのですか。
1 彼女は監督として仕事をしてきた。
2 彼女は皆に勇気を与えるリーダーだ。
3 彼女は多くのスポーツファンに影響を与えてきた。
4 彼女は地区の優勝者たちに会ったことがある。

解説 第2文の She has in fact helped lead her team to three regional championships.（実は、彼女は自分のチームを3度、地区優勝へ導くことに貢献してきました）や第3文の … someone who can lead and inspire players in tough situations（苦境において選手たちを牽引・鼓舞できる人物）から、**2** の She is an inspirational leader.（彼女は皆に勇気を与えるリーダーだ）が正解だとわかります。なお、彼女は主将ですから **1** は間違い。また、彼女が inspire してきた相手はチームメートの選手たちですから、**3** も間違い。さらに、彼女たち自身が優勝者ですから、**4** も間違いです。

No. 26　**2**

The peregrine falcon is the world's fastest animal, able to reach speeds of up to 242 miles per hour in a dive — much faster than sports cars and about half the speed of a 1940s fighter plane. Although the predator is quite small, it uses the force created by its dive to disable its prey — other birds — and literally snatch them out of the sky. Because of its swift and silent attack, prey get instantly incapacitated.
Q: What is true about the peregrine falcon?

訳
ハヤブサは世界一高速な動物で、降下時には時速242マイルに届く速度を出すことができます。これはスポーツカーよりもはるかに高速で、1940年代の戦闘機の速度のおよそ半分に当たります。この肉食の鳥は非常に小柄でありながら、降下することで生み出される力を使って獲物——ほかの鳥——を無力化し、まさに空中からかっさらうのです。その迅速かつ無音の攻撃によって、獲物は瞬時に力を奪われてしまいます。

設問・選択肢の訳▶ハヤブサについて当てはまるのはどれですか。
1 スポーツカーよりもはるかに遅い。
2 降下を通じて力を生み出す。
3 実際よりも小さく見える。
4 より低速の捕食者を避ける。

解説　正解 **2** の dive（降下）は、第1文で述べられています。... able to reach speeds of up to 242 miles per hour in a dive（降下時には時速242マイルに届く速度を出すことができます）と言っています。1マイルはおよそ1.6キロですから、時速387キロくらいです。第2文では ... it uses the force created by its dive to disable its prey ...（降下することで生み出される力を使って獲物を無力化し）と述べられています。この dive がキーなのです。なお、第1文で ... much faster than sports cars ...（スポーツカーよりもはるかに高速で）と述べられているので **1** は間違い。**3** と **4** については述べられていません。

No. 27　**3**

The carnival in Salvador, Brazil, is unique in several ways. Unlike those in the cities of Rio de Janeiro or São Paolo, Salvador Carnival features parades that wind through city streets, with trucks playing loud festive music. On some of the trucks, participants dance wearing the colorful traditional costumes of their country. Native, European, and African clothing and music combine to create a marvelous scene.
Q: Why is Salvador Carnival unique?

> **訳**
> ブラジルのサルバドールのカーニバルは、いくつかの点でユニークです。リオデジャネイロやサンパウロといった都市のカーニバルとは異なり、サルバドール・カーニバルの特徴は、大音量の祭りの音楽を吹き鳴らす山車と共にパレードが市街地を練り歩くところです。いくつかの山車の上では、参加者が色とりどりの自国の伝統衣装をまとって踊ります。自国やヨーロッパ、それにアフリカの衣装と音楽が相まって、素晴らしい光景を作り出すのです。

設問・選択肢の訳▶ なぜサルバドール・カーニバルはユニークなのですか。
1 ブラジルで最古の祭りだ。
2 自動車やトラックが入れない。
3 市街地で行われる。
4 ヨーロッパの都市で模倣されている。

解説 第2文で Unlike those in the cities of Rio de Janeiro …, Salvador Carnival features parades that wind through city streets, …（リオデジャネイロや……といった都市のカーニバルとは異なり、サルバドール・カーニバルの特徴は、パレードが市街地を練り歩くところです）と述べられています。これを言い換えた **3** の It is held on the city streets.（市街地で行われる）が正解です。選択肢 **1** にあるように、最古だとは述べられていません。**2** と **4** については述べられていません。

No. 28   **4**

> We truly appreciate all of you students who have come out to this neighborhood to help us repair and improve some of these old homes. It's a way for young people to connect with the community. I know you've all put in a hard morning's work of painting, digging, and planting. I've got good news for you now, though: We're bringing out sandwiches and iced tea. Have a great lunch, and relax!
> *Q:* What is the speaker asking the listeners to do?

> **訳**
> 私たちは、学生の皆さんに本当に感謝しています。こうして、このかいわいへ足を運んでくださり、このような古い民家の何軒かの修繕・改装を手伝ってくださっていますね。これは若い方々と地域をつなぐ方策の一つです。皆さんが午前中、塗装や穴掘りに、植樹にと一生懸命に働いてくださっていることは承知しています。そこで、よいお知らせがあります。サンドイッチとアイスティーをご用意しています。昼食を取って、くつろいでください！

設問・選択肢の訳▶ 話者は聞き手に何をするよう求めていますか。
1 大変な午前中の仕事に備える。
2 コミュニティースクールについて考える。
3 帰宅したらくつろぐ。
4 屋外で楽しく食事を取る。

解説 第5文、つまり最終文で Have a great lunch, and relax!（昼食を取って、くつ

ろいでください！）と述べられていますから、**4** が正解です。少しあっけにとられるかもしれませんが、その簡単な選択肢が正解です。なお、**1** の a hard morning's work（大変な午前中の仕事）は、もう済んでいます。**2** と **3** については述べられていません。

No. 29　**4**

> Rebecca spent some of last summer in a part-time job at her university cafeteria and the rest going to several music concerts. She had a good time, but she wants to do something more productive this year. At the school career center, she was advised to consider taking an internship. That's exactly what she plans to do this summer. She'll be doing some basic office work, such as filing reports, at a media company. She's sure that she'll get a lot of great experience and learn about the industry.
> *Q:* What does Rebecca plan to do differently this summer?

> **訳**
> レベッカは去年の夏の何日かを、自分が通う大学のカフェテリアでのアルバイトに費やし、残りの日には何度かコンサートに行きました。彼女は楽しい時を過ごしたのですが、今年は何かもっと生産的なことをしたいと思っています。学校の職業指導センターで、彼女はインターン制度への参加を検討するよう指導されました。それはまさに、彼女がこの夏にやろうと考えていることです。彼女はあるメディア企業で、報告書の整理のような基本的な事務を執ることになるでしょう。たくさんのよい経験を積み、その業界について学ぶことになるだろうと彼女は確信しています。

設問・選択肢の訳▶レベッカは今年の夏、これまでとは違うどんなことをするつもりですか。
1 カフェテリアで働く。
2 別の大学へ移る。
3 もっと多くのコンサートへ行く。
4 職業の経験を積む。

解説 第3文で ... she was advised to consider taking an internship.（彼女はインターン制度への参加を検討するよう指導されました）と述べられています。また、第6文で ... she'll get a lot of great experience and learn about the industry.（彼女はたくさんのよい経験を積み、その業界について学ぶことになるだろう）と述べられています。彼女がインターンシップによって経験を積もうとしていることがわかります。**4** の Get professional experience.（職業の経験を積む）が正解です。**1** と **3** は、彼女が過去の夏にやったことです。**2** については述べられていません。

No. 30　**2**

> Although somewhat less well-known than Washington, Philadelphia is actually the original capital of the United States. It's where the first American independence leaders and legislators met. As such, the city is rich in historical sites and treasures, including the famed Liberty Bell. National treasures such as this, as well as some of

the Colonial architecture of the city, continue to attract tourists from around the world.
Q: What attracts tourists to Philadelphia?

> **訳**
> ワシントンほどは知られていませんが、フィラデルフィアは実は米国の最初の首都なのです。ここは、初期の米国独立の指導者らと国会議員たちが集まった場所です。そのため、この町には名所旧跡や財宝が豊富で、有名な自由の鐘もその一つです。こうした国宝や、市に帰属する植民地時代の建築様式のいくつかが、今でも世界中から旅行者を呼び寄せています。

設問・選択肢の訳 ▶ 何が旅行者をフィラデルフィアへ引きつけていますか。

1 同地の豊かな繁華街。
2 同地の数多くの文化史跡。
3 同地の世界的に有名な劇場。
4 同地の独立した芸術家たち。

解説 第3文で As such, the city is rich in historical sites and treasures, ...（そのため、この町には名所旧跡や財宝が豊富で）と述べられています。rich in ~ は「~で豊富な」という意味です。正解の **2** では historical sites が cultural sites（文化史跡）に言い換えられています。**1**、**3**、**4** については述べられていません。

完全攻略！
英検®2級
［別冊］解答・解説

発行日　2016年9月15日　初版発行
　　　　2025年6月4日　第5刷

著者：神部 孝
問題作成：CPI Japan
編集：株式会社アルク 文教編集部／オフィスLEPS 岡本茂紀
翻訳：オフィスLEPS 岡本茂紀
アートディレクション・本文デザイン：大村麻紀子
イラスト：つぼいひろき
DTP：株式会社 新後閑
印刷・製本：TOPPANクロレ株式会社
発行者：天野智之
発行所：株式会社アルク
〒141-0001　東京都品川区北品川6-7-29 ガーデンシティ品川御殿山
Website: https://www.alc.co.jp/
中学・高校での一括採用に関するお問い合わせ
koukou@alc.co.jp（アルクサポートセンター）

- 落丁本、乱丁本は弊社にてお取り替えいたしております。Webお問い合わせフォームにてご連絡ください。https://www.alc.co.jp/inquiry/
- 本書の全部または一部の無断転載を禁じます。著作権法上で認められた場合を除いて、本書からのコピーを禁じます。
- 定価はカバーに表示してあります。
- 訂正のお知らせなど、ご購入いただいた書籍の最新サポート情報は、以下の「製品サポート」ページでご提供いたします。
　製品サポート：https://www.alc.co.jp/usersupport/
- とくに断りのない限り、本書掲載の情報は2023年2月現在のものです。

© 2016 Takashi Kambe / ALC PRESS INC. / HIROKI TSUBOI / Makiko Omura
Printed in Japan.
PC: 7016058
ISBN: 978-4-7574-2829-4

地球人ネットワークを創る
アルクのシンボル
「地球人マーク」です。